Herbert Kohl/Hartmann Wunderer

Von der Quelle zum Tafelbild II

Tafelarbeit im Geschichtsunterricht

Von der Frühen Neuzeit bis zum Ersten Weltkrieg

WOCHEN
SCHAU
GESCHICHTE

Bibliografische Information der Deutschen Nationalbibliothek

Die Deutsche Nationalbibliothek verzeichnet diese Publikation in der Deutschen Nationalbibliografie; detaillierte bibliografische Daten sind im Internet über http://dnb.d-nb.de abrufbar.

www.wochenschau-verlag.de

Umschlag: Klaus Ohl
Umschlagfoto: Hartmann Wunderer
Zeichnungen: Sarah Zalzadeh
Gesamtherstellung: Wochenschau Verlag
Gedruckt auf chlorfreiem Papier
Printed in Germany
ISBN 978-3-89974460-6

Inhaltsverzeichnis

Einleitung

Tafelarbeit – immer noch beliebt

Die Wandtafel erscheint in Zeiten moderner Präsentationsformen und der sie beherrschenden Kommunikationsmittel gelegentlich wie ein Relikt aus dem 19. Jahrhundert. Doch erfreut sich die Tafelarbeit im Geschichtsunterricht nach wie vor großer Beliebtheit. In diesem Fach haben Tafelskizzen immer noch einen besonderen Charme: Sie elementarisieren mit einfachen graphischen Mitteln komplexe historische Prozesse und machen sie damit leichter erfassbar. Geschichte wird dabei in nachvollziehbarer Weise auf wesentliche Grundmuster zurückgeführt, indem wichtige Ursachen in transparenter Form herausgearbeitet werden, die den historischen Entwicklungen zugrunde liegen. Für das historische Lernen sind derartige Elementarisierungen eine wichtige Hilfestellung, mehr noch: Sie sind im Hinblick auf das heute immer wieder erhobene Postulat des nachhaltigen Lernens unverzichtbar.

Quelle und Tafelbild

Gelungene Tafelbilder können Dreh- und Angelpunkt eines guten Unterrichts sein. Ausgehend von einer relevanten Problemfrage entstehen sie im Zuge einer Quellenanalyse oder eines Unterrichtsgesprächs. Sie gehen von wichtigen Problemstellungen und ihren Einzelaspekten aus, sie dokumentieren dabei wichtige Entdeckungen oder Ergebnisse und formulieren Folgerungen für weitere Arbeitsschritte. Im Hinblick auf die Unterrichtspragmatik dienen sie der Elementarisierung und dem Memorieren zentraler historischer Problemzusammenhänge, außerdem helfen sie bei der Vorbereitung von Lernzielkontrollen.

Eine vollständige „Kongruenz" zwischen Quelle und Tafelbild ist kaum herstellbar, denn Vorwissen und alternative Perspektiven auf einen historischen Sachverhalt sind aus einer Quelle in der Regel schwer herzustellen oder ableitbar. Wir haben eine Übereinstimmung zwischen Quelle und Tafelskizze zwar in der Regel angestrebt, dieses Prinzip aber bei einigen wenigen Themen bewusst durchbrochen, etwa bei der amerikanischen Unabhängigkeitserklärung (Nr. 18). Hier ist es der Lehrkraft natürlich unbenommen, eine Darstellungsform zu wählen, die näher am Text liegt.

Quellen, Sachtexte, Kommentare

Ziel dieser Sammlung ist es, historische Sachverhalte aus schriftlichen Quellen, d.h. Primärtexten zu erarbeiten. Bei einigen Themen wurde zusätzlich auf Sekundärtexte zurückgegriffen, etwa dort, wo es um historische Großereignisse, um politische Begriffe und Theorien oder um strukturgeschichtliche Prozesse geht. Als Beispiele seien die großen Kriege der Neuzeit genannt, ferner historische Begriffe wie Nationalismus oder Liberalismus oder analytische Betrachtungen, etwa zu den Hexenverfolgungen oder zur Geschichte der Industrialisierung. Zu diesen Themen bieten die gängigen Geschichtsbücher in der Regel weiteres Quellenmaterial. Um die Arbeit mit den vorliegenden Texten zu vereinfachen, wurden in diesem Band in einigen Fällen kurze didaktische Kommentare verfasst, die das jeweilige Kapitel anmoderieren und den Zugriff erleichtern sollen (S. 108).

Tafelbilder und ihre Tücken

Historisches Lernen ist ein diskursives Lernen, das kein schlichtes Richtig und Falsch kennt, sondern die Kraft der Argumente abwägt und subjektive Plausibilitäten aufspürt. Historische Lernprozesse beschränken sich eben nicht auf das Akkumulieren von möglichst zahlreichen „Daten und Fakten", sie ergeben sich vielmehr aus der Auseinandersetzung mit historischen Fragestellungen und Materialien. Klar ist: Eine solche Arbeitsweise fördert Problembewusstsein; sie fordert die Schülerinnen und Schüler, denn das Ziel des problemorientierten Arbeitsunterrichts ist das historische Verstehen, auch und gerade das Verstehen des heute viel zitierten „Fremden" in der Geschichte.

Deshalb sollte man Tafelskizzen oder Schaubildern stets mit einem grundsätzlichen Zweifel begegnen: In ihnen können unterschwellig (triviale) Geschichtsbilder oder einfache Muster von historischen Prozessen bestätigt werden. Wer mit Tafelskizzen arbeitet, sollte sich ihrer begrenzten Erklärungskraft bewusst sein. Tafelskizzen sind genauso wie Geschichtsdarstellungen oder -erzählungen rückblickende Konstruktionen eines komplexen vergangenen Geschehens. Die grafische Akzentuierung von Ursachen und Folgen historischer Prozesse strebt in schematisierter Form die Rekonstruktion von Vergangenem an, sie kann aber tatsächliche historische Prozesse nicht abbilden, die grafische Erfassung bleibt eine grobe historische Konstruktion. Dieser konstruktive Charakter schematisierter Darstellungen kann Schülern, vor allem in der Sekundarstufe II, an Beispielen bewusst gemacht werden. Man kann daran deutlich machen, dass wir im Unterricht auch mit unseren Tafelbildern Geschichtsbilder produzieren, die immer standortbezogen und damit revidierbar sind.

Auch die sorgfältige Quelleninterpretation ist kein Geschäft, das notwendigerweise zu klaren Ergebnissen führen muss, will man den Texten nicht Gewalt antun. Tafelskizzen kennen feine Schattierungen nicht, sie wirken vielmehr grob und eindeutig, sie beurteilen (und verurteilen) Akteure und Prozesse oft in eindeutiger Weise. Sie legen scheinbar klare Maßstäbe an, die es so in einer vorurteilsfreien historischen Forschung nicht geben darf (oder nicht geben sollte). Tafelskizzen erscheinen vor diesem Hintergrund als wissenschaftlich unzulässige Vereinfachungen, die der komplexen Materie häufig nicht gerecht werden. Wie kann man diesem Dilemma entgehen?

Entwickelt man Tafelskizzen auf der Grundlage von Quellen, an die quellenkritische Fragen nach der jeweiligen spezifischen Perspektive und Interesse gestellt werden, relativiert man ihren Aussagegehalt. Sie reflektieren eben nur eine bestimmte Perspektive, in ihnen artikuliert sich ein spezifisches Interesse. Quellenarbeit und Tafelskizzen sind für den Geschichtsunterricht unabdingbar, aber ihr Wert bestimmt sich daraus, wie bewusst und distanziert man mit ihren begrenzten Aussagemöglichkeiten umgeht. Fertigt man mit den Schülerinnen und Schülern auf der Basis von historischen Materialien (Quellen oder Sachtexten) Tafelskizzen an, sollte man sich der eingeschränkten und spezifischen Perspektivik dieses Unternehmens bewusst sein. Gerade in dieser kritischen Distanz liegt die Chance für historisches und auch wissenschaftspropädeutisches Lernen.

Tafelbilder zusammen mit den Schülern entwickeln!

Die im Heft enthaltenen Tafelbilder können vom Lehrer einfach im Unterricht projiziert werden; es gibt Unterrichtssituationen, in denen dies, beispielsweise aus Zeitgründen, unumgänglich ist. Angestrebt wird jedoch, dass der Lehrer oder die Lehrerin die Vorlage nur als Muster nimmt und mit den Schülerinnen und Schülern zusammen ein Tafelbild entwickelt. Tafelbilder sollen nicht nur vor den Augen der Schülerinnen und Schüler, sondern mit deren Hilfe entstehen. Dabei sollte mit ihnen gelegentlich über geeignete und prägnante Formulierungen gerungen werden. Die Skizzen haben deshalb vor allem Anregungscharakter, um Unvorhergesehenes und Unvorhersehbares, das sich aus der Arbeit mit dem Material ergibt, integrieren zu können. Dazu gehört auch, dass die Schülerinnen und Schüler bei der Entscheidung, wo bestimmte Aussagen platziert, welche Aussagen hervorgehoben oder besonders markiert werden sollten, einbezogen werden.

Die von uns ausgewählten Quellen und Sachtexte haben ebenfalls Anregungscharakter, sie reichen in vielen Fällen sicher nicht aus, um differenzierte Tafelbilder entwickeln zu können. Sie können in ihrem Bemühen um schematisierte Abbildung die historische Komplexität historischer Prozesse nur unzureichend erfassen. Dennoch bemühen sie sich immer wieder, den elementaren didaktischen Geboten der Multiperspektivität und Kontroversität Rechnung tragen, etwa in der Frage nach Ursachen und Motiven historischer Großereignisse, wie dem Imperialismus, oder der Frage nach der Schuld am Ersten Weltkrieg. Selbstverständlich kann eine gedrängte Publikation wie diese nicht die fachwissenschaftliche Diskussion der letzten Jahrzehnte mit einschlägigen Texten und Diskussionsbeiträgen präsentieren. Eines solches Unterfangen wäre unterrichtspraktisch schlichtweg illusorisch. Die Quellenauswahl will vielmehr Materialien anbieten, die zentrale oder relevante Aspekte eines historischen Themas ansprechen und daher eine erste Grundlage für ein Tafelbild bieten. Die weiteren Aspekte müssen sich dann aus dem vorangegangenen Unterricht, einem Lehrervortrag, dem Einsatz des Geschichtsbuches oder aus dem Unterrichtsgespräch ergeben.

Das Ziel: vom Tafelanschrieb zum Tafelbild

Häufig erschöpft sich der Einsatz der Tafel im Fach Geschichte in der Anfertigung von kurzen Unterrichtsprotokollen. Solche Tafelanschriebe bestehen meist aus aneinander gereihten, oft ausformulierten Merksätzen. Im Gegensatz dazu bemühen sich die Tafelbilder in dieser Sammlung darum, die Themen zu strukturieren und ihnen damit Prägnanz zu verleihen. Diese Form der Ergebnissicherung soll für den Lernenden überschaubar und leicht memorierbar sein. Dazu bieten sich übersichtliche oder symmetrische Formen an, die der Gefahr übertriebener graphischer Komplexität entgegenwirken. Die Bewegungsrichtung von historischen und logischen Abfolgen sollten, der europäischen und amerikanischen Blickrichtung folgend, von links nach rechts gehen, von oben nach unten; dabei sollten, abhängig vom jeweiligen Thema, verstärkende Darstellungsmittel wie Steigung und Gefälle bedacht werden. Visualisierung bedeutet auch, dass grafische Hilfsmittel wie Kästen, Pfeile und Klammern zum Einsatz kommen. Für Hervorhebungen, z. B. zentrale Fragen oder Begriffe, empfiehlt sich die Verwendung von Farbkreide. Um die visuelle Wirkung des Tafelbildes zu stärken, wurde in diesem Band in einigen Fällen auf historische Symbole und einfache Zeichnungen zurückgegriffen. Sie sollen auch der zeichnerisch weniger versierten Lehrkraft Anregungen bieten, die optische Komponente der Tafelarbeit stärker zum Tragen zu bringen und damit Prägnanz und Aussagekraft der Anschriebe zu erhöhen.

Einsatzmöglichkeiten von Tafelbildern

Dieses Heft soll Geschichtslehrerinnen und Geschichtslehrern, die Wert auf Tafelarbeit legen, verschiedene methodische Möglichkeiten bieten, das Medium Tafel einzusetzen:

- Ausgehend von den Quellen und ihrer Interpretation bzw. Analyse lassen sich mit den Schülerinnen und Schülern Tafelskizzen erarbeiten; die dazu angebotenen Schaubilder haben dann Vorschlagscharakter, wie in etwa ein Ergebnis aussehen könnte.

- Die überschaubaren Sachtexte und historischen Quellen eignen sich für eine vorbereitende Hausaufgabe, die mit einem Arbeitsauftrag versehen werden, z.B.: „Wie erklärt der Autor den Ausbruch des Dreißigjährigen Kriegs?" oder „Wie deutet er die Wirkungen der Französischen Revolution auf Deutschland?" Solche Erschließungsfragen könnten die Schülerinnen und Schüler motivieren, ihre Ergebnisse selbst in eine übersichtliche Grafik umsetzen.

- Natürlich lässt sich auch nur das jeweilige fertige Tafelbild projizieren und knapp erläutern, etwa wenn man unter Zeitdruck steht und rasch Orientierungswissen vermitteln will.

- Tafelbilder sollten aber stets in einem historischen Problemzusammenhang (Ursachen ... / Folgen ...) gestellt werden. Die Problematisierung der Sachverhalte initiiert historische Erkenntnisprozesse und dient damit der Entwicklung eines reflektierten Geschichtsbewusstseins.

Das Heft ist lehrwerksunabhängig. Es berücksichtigt Themen, die im Unterricht der Sekundarstufen I und II einen besonderen Stellenwert einnehmen.

01 Renaissance – die Wiedergeburt der Antike

Augustinus Valertus (1531-1606) war Theologe und als Diplomat im Dienste Venedigs tätig. 1563 gab er dem venezianischen Adligen Aloisio Contarini Ratschläge zum Studium:

So groß waren bei Griechen wie Römern Begabung und Fleiß, so hervorragend war ihre Bildung auf allen Gebieten, dass sie selbst sämtliche eines freien und edlen Menschen würdigen Künste und Wissenschaften erfunden und uns in formvollendeten literarischen Werken überliefert haben. Um von der Philosophie als der vornehmsten Wissenschaft, die die Prinzipien und Ursachen der Natur untersucht, zuerst zu sprechen: Welches naturphilosophische Problem ist so entlegen oder so schwierig, dass es nicht – wenn ich Pythagoras, Empedokles, Demokrit und die alten Philosophen hier einmal übergehe – zuerst Plato, dann Aristoteles mit höchster Eleganz behandelt hätten? Jenes Gebiet der Philosophie vollends, das sich mit Ethik und der richtigen Lebensgestaltung und Staatsverwaltung beschäftigt, haben nicht nur die beiden eben genannten größten Philosophen, Plato und Aristoteles, sondern auch Xenophon, dann – auf Lateinisch – unser Cicero, schließlich Seneca und Plutarch so erhellt und bereichert, dass uns nichts zu wünschen übrig bleibt. Was ferner die Mathematik betrifft, wer kann hier ohne Euklid, Archimedes und Ptolemäus auch nur das Geringste zu lernen hoffen? Zur Dialektik, die gewissermaßen das Instrumentarium bereitstellt, dessen wir uns zur Erkenntnis des Wahren und Guten bedienen, hat in manchem Plato in seinen Dialogen, haben in anderem die Stoiker den Grund gelegt; aber erst Aristoteles mit seinem göttlichen Verstand hat diese Disziplin vollkommen erhellt. Was soll ich über die für die Menschheit so unverzichtbare Heilkunst sagen? Welche medizinischen Lehren hätten wir denn, frage ich, wenn es nicht einen Hippokrates von Kos und einen Galenus gegeben hätte? Ebenso ist es in den übrigen Künsten und Wissenschaften, die mit der menschlichen Rede zu tun haben. Denn seit tausend Jahren gibt es keinen Dichter, der sich mit Homer, Sophokles, Euripides und Theokrit oder mit Vergil, Horaz, Lukrez und Terenz vergleichen ließe. [....]

Wozu das alles, wirst Du sagen. Sollen wir Heutigen nur die Weisheit der Alten anstaunen, sollen wir wie Toren uns bei ihren Lehren, als wären es Orakelsprüche, beruhigen und überhaupt nichts Eigenes zu denken oder zu schreiben wagen, sondern unser ganzes Leben mit dem Begreifen der Schriften anderer zubringen? Nun, das ist keineswegs meine Meinung, vielmehr sollen wir mit Eifer und Sorgfalt die Autoren derjenigen Wissenschaften, denen wir uns von Kindheit an ergeben haben, lesen, und wenn wir ihre Ansichten kennen gelernt haben, werden wir sorgfältig mit uns zu Rate gehen müssen, ob wir uns entweder dadurch, dass wir sie an Fleiß übertreffen, oder aber dadurch, dass wir ihre Schriften kommentieren, um unsere Zeitgenossen verdient machen und der Nachwelt irgendein Werk hinterlassen können, woran sie zu erkennen vermag, dass wir wirklich gelebt und unseren Beitrag zum Gemeinwohl geleistet haben.

Aus: Nicolette Mout (Hrsg.): Die Kultur des Humanismus. Reden, Briefe, Traktate, Gespräche von Petrarca bis Kepler. München 1998, S. 70 f.

01 Renaissance – die Wiedergeburt der Antike

Voraussetzungen:

- Griechische Gelehrte fliehen aus Byzanz (1453 von denTürken erobert) nach Italien
- Wohlhabende Stadtstaaten in Norditalien (Handelszentren) streben nach Repräsentation
- Nach Pestepidemie und Jenseitsorientierung (14. Jh.) nun Hinwendung zum Diesseits und zum Individuum

Renaissance

Bereiche:
Künste, Dichtung, Rhetorik, Wissenschaften, Philosophie, Ethik, Politik, Mathematik, Medizin

Forderung:
Studium der Antike und Orientierung an ihren Lehrern; aber: nicht nur „die Weisheit der Alten anstaunen", sondern sie „an Fleiß übertreffen"

Neues Menschenbild:
der Mensch als Individuum, das sich in Kunst und Wissenschaft entfaltet

Beispiele

- *Philosophie/Ethik:* Erasmus von Rotterdam, Machiavelli
- *Bildende Künste:* Donatello, Leonardo, Michelangelo, Raffael
- *Architektur:* Bramante, Palladio

Aber: Trotz Übergreifens auf zahlreiche europäische Länder bleibt Renaissance eine Sache für eine kleine Gruppe von Wohlhabenden und Gebildeten

02 Vom geozentrischen zum heliozentrischen Weltbild

Der britische Wissenschaftshistoriker John Desmond Bernal (1901-1971) zur „kopernikanischen Wende“ (1970):

Es ist kein Zufall, daß gerade auf dem Gebiet der Astronomie, das so eng mit dem der Geographie verwandt ist, der erste und in gewisser Beziehung bedeutendste Bruch mit dem gesamten alten Gedankensystem erfolgen sollte: die klare und detaillierte Erklärung des Kopernikus[1] über die Drehung der Erde um ihre Achse und ihre Bewegung um die feststehende Sonne. Die beschreibende Astronomie war zu dieser Zeit der einzige Wissenschaftszweig, der genügend Beobachtungsergebnisse angehäuft und mathematische Methoden entwickelt hatte, die genau genug waren, um die eindeutige Aufstellung und die numerische Nachprüfung von Hypothesen zu gestatten. [Sie stand] außerdem im Mittelpunkt neuerlichen Interesses wegen ihrer von alters her überlieferten Verwendung in der Astrologie und der neuen in der Seefahrt. Diese allein hätten vielleicht nicht zu einem grundsätzlichen Fortschritt geführt. [...]

Was Kopernikus dem hinzufügte, waren der neue kritische Geist, ein Gefühl für die ästhetische Form und die Anregung durch die neu herausgegebenen Texte, die auch verwendet werden konnten, um eine der alten Autoritäten gegen die andere auszuspielen. Wie schon ausgeführt, war die Vorstellung der Erdumdrehung keineswegs neu. Sie geht auf die ersten Anfänge der griechischen Astronomie zurück und war im 3. Jahrhundert v. u. Z. von Aristarch[2] mehrfach zum Ausdruck gebracht worden. Sie war immer als eine andere – wenn auch paradoxerweise als eine absurde – Deutung der Bewegung der Gestirne erhalten geblieben; war es doch offensichtlich, daß sich die Erde nicht bewegte, während es Sonne, Mond und Sterne sichtbar taten. Mut, aber auch wissenschaftliches Denken waren notwendig, um diese anscheinend dem gesunden Menschenverstand entsprechende Anschauung über Bord zu werfen. [...]

Über sein heliozentrisches System und die sich daraus ergebende riesige Entfernung der Sterne schreibt Kopernikus:

[...] „In der Mitte aber von allem steht die Sonne. Denn wer wollte diese Leuchte in diesem wunderschönen Tempel an einen anderen oder besseren Ort setzen als dorthin, von wo aus sie das Ganze zugleich beleuchten kann? Zumal einige sie nicht unpassend das Licht, andere die Seele, noch andere den Lenker der Welt nennen. [...] So lenkt in der Tat die Sonne, auf dem königlichen Thron sitzend, die sie umkreisende Familie der Gestirne. Auch wird die Erde in keiner Weise um den Dienst des Mondes gebracht, sondern der Mond steht, wie Aristoteles in seinem Werk *De animalibus* sagt, mit der Erde im engsten Verwandtschaftsverhältnis. Indessen empfängt die Erde von der Sonne und wird schwanger mit jährlicher Geburt.“

Hier sehen wir sowohl ein Zurück zu einer sehr alten, ja sogar magischen Vorstellung vom Universum als auch eine Verherrlichung der absoluten Monarchie, *le Roi Soleil,* der Sonnenkönig.

Es dauerte einige Zeit, bis dieses *heliozentrische System* irgendwelche Auswirkungen auslöste. Einige wenige Astronomen schätzten es als Mittel zur Verbesserung der Berechnungen. [...] Dennoch glaubten nur wenige, daß es der Wirklichkeit entspreche. Abgesehen davon, daß es dem gesunden Menschenverstand widersprach, gab es viele Einwände, mit denen sich die Gelehrten beschäftigten, insbesondere die Frage, wie die Erde sich drehen könne, ohne daß dabei ein mächtiger Sturm entstehe oder ein Geschoß aus seiner Bahn abgelenkt würde. Diese Einwände konnten erst von Galilei endgültig beseitigt werden. Trotzdem zertrümmerte die bloße Vorstellung eines offenen Universums, von dem die Erde nur ein kleiner Teil war, das alte Bild der geschlossenen, konzentrischen, kristallenen Sphären, die von Gott geschaffen und in Bewegung gehalten wurden. Wenn es auf der Erde neue Welten gab, warum dann nicht auch im Himmel? Für diese Ketzerei sollte Giordano Bruno[3] sterben.

John Desmond Bernal: Sozialgeschichte der Wissenschaften Bd. 2. Reinbek 1970, S. 381 und 383.

---

[1] Nikolaus Kopernikus (1473-1543), Arzt und Astronom, wurde mit seinen Theorien von der Bewegung der Planeten auf Kreisbahnen um die Sonne zu einem der bedeutendsten Astronomen des Abendlandes.

[2] Aristarchos von Samos (um 310-um 230 v. Chr.), griechischer Astronom und Mathematiker.

[3] Giordano Bruno (1548-1600), italienischer Dichter und Philosoph, behauptete u.a. die Unendlichkeit des Weltraums und die ewige Dauer des Universums und leugnete damit die Existenz eines Schöpfers.

02 Vom geozentristischen zum heliozentrischen Weltbild

- Mittelalterliche Vorstellung: Erde = Scheibe – entsprach nicht antiken Einsichten
- Geozentrisches Weltbild
- Astrologische Spekulationen
- Antike Berechnungen (Eratosthenes, Aristarch) zur Kugelgestalt der Erde

Voraussetzungen

Heliozentrisches Weltbild

Folgen

- Weltumsegelung und Welthandel wird möglich
- Neues Weltbild ist mit astrologischen Spekulationen kompatibel
- Legitimation monarchischer Ordnung: „Sonnenkönig“
- Aber: langer Widerstand von Kirche und Theologie gegen neues Weltbild; Giordano Bruno, Galileo Galilei werden hingerichtet bzw. zum Schweigen gebracht

03 Folgen der Entdeckung und Eroberung Lateinamerikas

Bartolomé de las Casas (1484-1566) war zunächst selbst ein Konquistador, ehe er sich als Bischof von Chiapas (Mexiko) für die Indios engagierte. In seinem „Kurzgefassten Bericht von der Verwüstung der Westindischen Länder" schreibt er (1541/42):

Wir können hier aber eine gewisse und wahrhaftige Tatsache anführen, daß in obgedachten vierzig Jahren durch das erwähnte tyrannische und teuflische Verfahren der Christen, mehr als zwölf Millionen Männer, Weiber und Kinder auf die ruchloseste und grausamste Art zur Schlachtbank geführt wurden, und wir würden in der Tat nicht irren, wenn wir die Anzahl derselben auf fünfzehn Millionen angäben. [...] Die einzige und wahre Grundursache, warum die Christen eine so ungeheure Menge schuldloser Menschen ermordeten und zugrunde richteten, war bloß diese, daß sie ihr Gold in ihre Gewalt zu bekommen suchten. [...] Es geschah, ich muß es sagen, weil sie einen so unersättlichen Geiz und Stolz besaßen, daß ihresgleichen in der ganzen Welt wohl schwerlich zu finden ist. Es geschah, weil sie in diesen reichen und fruchtbaren Ländern sich festzusetzen wünschten, und weil die Bewohner derselben so demütig, so geduldig und so leicht zu unterjochen waren. In der Tat, sie achteten [...] sie weit weniger als den Kot auf den Straßen. So sorgten sie für die Erhaltung ihres Lebens und das Heil ihrer Seelen. Ich kann heilig beteuern, daß alle die Millionen Menschen, wovon ich weiter oben sprach, ohne Glauben und ohne Sakrament verschieden sind. Auch ist es eine notorische, allgemein bekannte Wahrheit [...], daß nie ein Christ in ganz Indien von den Indianern beleidigt ward. Sie begegneten vielmehr den Spaniern so, als kämen sie vom Himmel.

Aus: Hans Magnus Enzensberger (Hrsg.): Bartolomé de las Casas, Kurzgefasster Bericht von der Verwüstung der Westindischen Länder. Frankfurt/M. 1981, S. 12 f.

Der britische Wissenschaftshistoriker John Desmond Bernal (1901-1971) über die ökonomischen und wissenschaftlichen Auswirkungen der Eroberungen (1970):

Die großen Seereisen hatten sowohl unmittelbare als auch lang anhaltende ökonomische Auswirkungen. Durch den neuen Seeweg wurde der traditionelle arabische Überland- und Umschlagshandel, der für die Araber und die Türken so lohnend gewesen war, ausgeschaltet. Das brachte den Portugiesen ungeheure Gewinne und ruinierte Venedig. Die Ausbeutung der Bergwerke, der Zucker- und Tabakpflanzungen Amerikas mit Hilfe der aus Afrika geraubten Sklaven sollte später den Spaniern und den anderen Kolonialmächten größere und zuverlässigere Einnahmen bringen. Auf Grund der Rückständigkeit des spanischen Wirtschaftssystems blieb dieser Reichtum jedoch nicht im Lande, da sowohl die Ausbeutung der Bergwerke als auch der Handel in den Händen von Ausländern lagen, sondern wurde dazu verwendet, Kapital für die niederländischen und englischen Industrien bereitzustellen.

Auch die Auswirkungen auf die Wissenschaft waren einschneidend. Die Erfolge der ersten Seereisen steigerten die Anforderungen an den Schiffbau und die Navigation außerordentlich. Sie schufen eine neue Schicht intelligenter, mathematisch versierter Handwerker, die Kompasse, Karten und Instrumente herstellten. Diese Berufe bildeten den Beginn einer wissenschaftlich gebildeten Öffentlichkeit und boten intelligenten Jugendlichen aller Schichten sowohl Ausbildungsmöglichkeit als auch Lebensunterhalt. So wurden Seefahrtsschulen in Portugal, Spanien, England, den Niederlanden und Frankreich gegründet. Das Wissen von der Bewegung der Gestirne war jetzt Bargeld wert; es bestand daher keine Gefahr mehr, daß die Astronomie vernachlässigt würde, selbst nachdem die Astrologie unmodern geworden war.

Gleichzeitig ließ die Entdeckung der alten und reichen Zivilisationen Asiens und der Neuen Welt Amerika mit all ihren ungewöhnlichen Gebräuchen und Produkten die klassische Welt eng und rückständig erscheinen, so daß die Menschen durch die Erkenntnis ermutigt wurden, etwas Neues erreicht zu haben, wovon die Alten nicht einmal hätten träumen können. Das jetzt der Beobachtung und Beschreibung erschlossene neue Gebiet machte jedoch neue Methoden zu seiner Analyse notwendig. Die Entdeckungsreisen stellten in der Tat einen ebenso großen Durchbruch in der Sphäre des Intellekts dar, wie sie es auf der Erdoberfläche waren.

John Desmond Bernal: Sozialgeschichte der Wissenschaften, Bd. 2. Reinbek 1970, S. 379

03 Folgen der Entdeckung und Eroberung der „Neuen Welt“

- 1492: Entdeckung Amerikas – Kolumbus landet auf San Salvador
- 1494: Vertrag von Tordesillas – Aufteilung der „Neuen Welt“ zwischen Spanien und Portugal
- 1519-21: Hernan Cortes erobert das Aztekenreich
- 1531-33: Francisco Pizarro erobert das Inkareich

Folgen für die altamerikanischen Völker
(nach las Casas)

- Zwangsarbeit, v.a. in den Gold- und Silberminen
- Massenhafter Tod durch Ausbeutung und Epidemien
- Missionierung/ Christianisierung oft nur halbherzig (viele Menschen sterben als „Heiden“)
- Hinnahme des „Schicksals“ durch die Bevölkerung; kaum Gegenwehr, keine Aufstände

Vernichtung der altamerikanischen („präkolumbischen“) Kulturen

Folgen für Europa

Wissenschaft und Technik

- Fortschritte in Navigation und Schiffbau
- Steigende Bedeutung der Astronomie

Wirtschaft

- Transatlantischer Handel verdrängt alte Handelsbeziehungen (Venedig, arabische Handelswege)
- Beginn des Sklavenhandels (Afrika)
- Hohe Einnahmen für Kolonialmächte Spanien und Portugal

Bewusstsein von einem neuen Zeitalter

Wichtiger Schritt im Prozess der „Europäisierung“ der Erde, als solcher aber im Urteil der Zeitgenossen wie auch heute umstritten

04 Reformation und Kirchenspaltung

Der Historiker Peter Blickle über Entstehung und Erfolg der Reformation (2000):

Die Theologen, die man Reformatoren nennt, haben unbeschadet aller persönlichen Ausprägungen ihrer Glaubensüberzeugungen mindestens dreierlei gemeinsam: Erstens die Betonung der Unmittelbarkeit zwischen dem einzelnen Menschen und seinem Gott, zweitens die Rückführung der Theologie auf das Evangelium, das „reine Evangelium", das Evangelium „ohne menschliche Lehre und Zusatz" und drittens die stärkere Inpflichtnahme des Menschen für das Gemeinwesen. Mit ihrer „Individualisierung" des Glaubens, mit ihrer „Kritik" der christlichen Lehrtradition und mit ihrer „Ethik" stehen sie auch in der Kontinuität der Umwandlung des Menschenbilds in Europa, das mit dem Begriff Humanismus chiffriert [bezeichnet] wird. Die persönliche Betroffenheit bei der Suche nach Gott, die Erfahrung der gesellschaftlichen Ordnung und politischen Verfassung, aber eben auch der „Zeitgeist" prägen die Theologie der Reformatoren. Anhänger und Propagandisten der Reformatoren haben sich nicht selten traditionaler, tief im Brauchtum verwurzelter Formen bedient, um das reformatorische „Programm" zu verbreiten. Neben den üblichen und alltäglichen Formen des Gesprächs im Wirtshaus und auf dem Markt waren es vor allem die weltlichen und kirchlichen Feste, die zur Übertragung reformatorischer Botschaften genutzt wurden. Am Beispiel der Fastnacht sind solche Vorgänge genauer untersucht worden. [...] Dabei hat sich gezeigt, dass Theaterspiele, Umzüge oder Maskeraden dazu eingesetzt wurden, im Sinne der reformatorischen Kirchenkritik den Papst, die Kardinäle und Bischöfe zu verunglimpfen, den Ablasshandel, die Reliquienverehrung oder religiöse Zeremonien anzuprangern. Diese, gewissermaßen negative Aneignung erfolgte nicht nur individuell, sondern auch kollektiv, durch die Bürgerschaft insgesamt oder durch Gruppen von Jugendlichen und Frauen . [...]

Von enormer Wirkung und Bedeutung müssen die Flugschriften gewesen sein. Zwar wusste man schon länger, dass sie – im Umfang vergleichsweise knappe und relativ billige Erzeugnisse des stürmisch sich erweiternden Buchdruckereigewerbes – ein wichtiges Propagandainstrument der Reformation waren, doch konkrete Zahlen hinsichtlich der Produktion anstelle eher vager Schätzungen und präzise, quantifizierende Inhaltsanalysen anstelle bislang eher impressionistischer Eindrücke gibt es erst seit kurzem. Man kann davon ausgehen, dass zwischen 1500 und 1530 rund 10 000 Flugschriftenausgaben erschienen sind, was bei der üblicherweise angenommenen Auflagenhöhe von 1000 Exemplaren eine Gesamtauflage von 10 Millionen ergibt. [...] [Der englische Historiker] *Arthur G. Dicksens* hat den griffigen Satz geprägt: „The Reformation was an urban event". [...] Immer deutlicher zeigt diese Forschungsrichtung, dass Verfassungs-, Sozial- und Wirtschaftsstruktur der Stadt für Rezeption, Durchführung und Erfolg der Reformation von höchster Bedeutung waren. [...] Als Motive der Stadt für die Annahme der Reformation – jenseits möglicher divergierender Interessen von Rat und Gemeinde – können herausgehoben werden: die Tendenz zur exklusiv städtischen Gerichtsbarkeit, zur Kommunalisierung der Kirche und zur Rationalisierung von Religion und Frömmigkeit. [...]

Die Kommunalisierung der Kirche tendiert nicht nur zur Ausschaltung des geistlichen Gerichts, sondern auch zur Gleichstellung der Geistlichkeit mit den Bürgern. Das hatte wirtschaftliche und religiöse Gründe: die Steuerfreiheit des Klerus und seine weiteren wirtschaftlichen Privilegien (Weinausschank etc.) sollten aufgehoben werden, das *ius patronatus*, die Besetzung der Pfarr- und Seelsorgestellen, sollte durch die repräsentativen Organe der Stadt ausgeübt werden und nicht durch auswärtige Patronatsherren.

Die Rationalisierung von Frömmigkeit und Religion, wie sie besonders sinnfällig in den Stiftungen von Prädikaturen[1] zum Ausdruck kommt, ist eingebettet in einen allgemeinen Zug zur Rationalität, auf den *Max Weber*[2] wiederholt und nachdrücklich hingewiesen hat. [...] Eine neue Mentalität des Städters, die sich deutlich von der adelig-agrarischen Welt abhob, suchte kongeniale [geistig verwandte] Formen der religiösen Verkündigung.

Peter Blickle: Die Reformation im Reich. 3. Aufl. Stuttgart 2000, S.83ff.

---

[1] Prädikatur: Pfarrstelle mit dem Auftrag zu predigen

[2] Max Weber (1864-1920), deutscher Ökonom und Soziologe

04 Die Reformation – ein städtisches Ereignis?

Theologische Grundlagen

- Unmittelbare Beziehung zwischen Mensch und Gott
- Grundlage des Glaubens: allein die Bibel
- Unterordnung des Menschen unter weltliche Obrigkeit

▶ Wandel des Menschenbildes in der Tradition des Humanismus (15. Jh.)

Ausgangssituation:
Unzufriedenheit und massive Kritik an Zuständen in römisch-katholischer Kirche

▼

Gesellschaftlicher Kontext

- Reformation knüpft an traditionelle Glaubensformen an und deutet sie gegen den alten Glauben um
- Buchdruck und Flugschriften sorgen für massenhafte Verbreitung der neuen Ideen

Politischer Hintergrund

- Große Bedeutung der Stadt für die Ausbreitung des reformatorischen Denkens
- Stadt übernimmt Kirchenregiment (Machterweiterung)
- Stadt profitiert ökonomisch (Mehrung von Vermögen und Einnahmen, auch durch Einziehung der Klöster)

Deutung:
– Städte (v.a. die freien Reichsstädte) übernehmen Vorreiterrolle
– Reformation bedeutet nicht nur Individualisierung, sondern auch Rationalisierung des Glaubens (Max Weber)

05 Der deutsche Bauernkrieg

Der Historiker Heinrich Lutz über Ursachen und Ziele des Bauernkriegs (1991):

Die vielfach überlieferten Beschwerden und Forderungen der Bauern lassen die sehr unterschiedlichen wirtschaftlichen, sozialen und politischen Verhältnisse ebenso erkennen wie eine durchgehende Grundstimmung: Widerspruch gegen eine Verschlechterung der Lebensbedingungen auf den verschiedensten Gebieten (Dienste, Abgaben, Steuer, Nutzung an Wald und Land, Jagd- und Fischereirechte). Adressaten waren sowohl die Grundherrschaften wie die Territorialfürsten und ihre Verwaltungen. Die Sprecher und Anführer der Bewegung entstammten vor allem den mittleren und wohlhabenden Bauernschichten. Fast überall machte sich gegenüber den traditionellen Begründungen bäuerlicher Beschwerden – Rückgriff auf das „alte Recht“ – nun eine neue Argumentation geltend: das „göttliche Recht“, gemeint als Recht des Evangeliums, als Bezugnahme auf die Predigt der „Freiheit eines Christenmenschen“ wurde begründend angeführt. Zugleich wurden Programmpunkte der reformatorischen Bewegung in die bäuerlichen Forderungskataloge aufgenommen: Wahl der Pfarrer durch die Gemeinde, Predigt des reinen Evangeliums etc. Das alles unterschied die Bewegungen, die seit 1524 in Gang kamen, deutlich von den spätmittelalterlichen Bauernrebellionen, deren Tradition im Symbol des „Bundschuhs“ weiterlebte. So verschieden die Zusammensetzung und die Ausgangsbasis der einzelnen Bauernheere zwischen Elsaß und Kärnten, Schwaben und Thüringen war, so rasch drang überall das religiöse Ferment in den Vordergrund. Die „zwölf Artikel der Bauernschaft“, im März 1525 in Memmingen in Zusammenarbeit des Kürschners Sebastian Lotzer mit dem Stadtprediger Christoph Schappler ausgearbeitet, wurden rasch gedruckt und als gemeinsames Manifest der sonst wenig koordinierten Bewegung verbreitet. Die Einleitung sprach den Willen Gottes an: „Wer will seiner Majestät widerstreben! Hat er die Kinder Israels zu ihm schreiend erhört und aus der Hand Pharaonis erledigt, mag er nicht noch heut die Seinen erretten? Ja er wirds erretten, und in einer Kürz.“ Damit artikulierte sich die Bauernbewegung als Teil der reformatorischen Bewegung; nun wurde der Bauernkrieg zum „Flächenbrand“.

Heinrich Lutz: Reformation und Gegenreformation. München 1991, S. 36

Rezeption und Deutungen des Bauernkriegs

Mitte des 19. Jahrhunderts setzte die wissenschaftliche Auseinandersetzung mit dem Bauernkrieg ein, die sogleich kontrovers geführt wurde. Der radikaldemokratische Paulskirchen-Abgeordnete Wilhelm Zimmermann sah liberal-idealistisch Anfang der 1840er Jahre im Bauernkrieg das positive Urbild europäischer Revolutionen, nicht zuletzt der erwarteten von 1848. Leopold von Ranke hat hingegen den Bauernkrieg aus konservativ-protestantischer Sicht als eindeutig negatives Ereignis geschildert: Eine von Hass bewegte, von fanatischen Predigern angestachelte Masse lebte ihre Zerstörungswut aus, bis ihr endlich Einhalt geboten wurde. Friedrich Engels interpretierte den Bauernkrieg im Sinne der materialistischen Geschichtsphilosophie. Gegen das „reaktionär-katholische“ Lager formierte sich die „revolutionäre“ Opposition aus Bauern, städtischer Unterschicht und niederem Klerus.

Die moderne Rezeption begann 1933 mit Günther Franz' „Der deutsche Bauernkrieg“. Dessen Deutung als rückwärtsgewandte „politische Revolution“ um Kaiser und Reich und gegen den neuzeitlichen Territorialstaat, deren Niederlage das Ausscheiden der Bauern, das heißt des Kerns des „deutschen Volks“, aus dem politischen Leben bedeutet habe, trug – trotz der Nähe zu nationalsozialistischem Gedankengut – die nächsten Jahrzehnte. Erst seit den 1960er Jahren und insbesondere durch das Gedenkjahr 1975 weckte der Bauernkrieg neues Interesse. Die DDR-Forschung baute ihr Theorem von der „frühbürgerlichen Revolution“ mit Thomas Müntzer als Revolutionsführer aus. In der Bundesrepublik gelangte vor allem Peter Blickle zu einer Neuinterpretation einer „Revolution des gemeinen Mannes“. In den letzten Jahrzehnten wurde die Sicht eines einheitlichen Ereignisses „Bauernkrieg“ hinterfragt.

www.historicum.net/themen/bauernkrieg/einführung (Zugriff: 23.11.2007)

05 Der deutsche Bauernkrieg (1525) – eine soziale Revolution?

Die Ursachen

Verschlechterung der Lebensbedingungen (Abgaben, Dienste, Nutzungsrechte)

Streben, das „alte" Recht, im Zuge der Reformation auch das „göttliche Recht" wiederherzustellen

Forderungen

Die „Zwölf Artikel":

Geistlich:
Wahl der Pfarrer; Predigt des „reinen" Evangeliums

Wirtschaftlich:
Wiederherstellung alter Nutzungsrechte (Wald, Allmende, Fischerei, Jagd)
Abschaffung von Abgaben (kleiner Zehnt[1]; Todfall[2])

Sozial:
Abschaffung der Leibeigenschaft, angemessene Rechtsprechung, bessere Armenversorgung

Ergebnis

- Vollständige militärische Niederlage der Bauern
- Bestrafung der „Schuldigen"/Schadensersatz
- Vereinzelt Entgegenkommen der Grundherren/Verbesserungen

War es eine soziale Revolution?

JA

- Leitbild aller europäischen Revolutionen
- Breite soziale Bewegung mit revolutionären Zielen (F. Engels)

NEIN

- Fanatismus/Zerstörungswut (L. v. Ranke)
- Kampf gegen den neuzeitlichen Territorialstaat; rückwärtsgewandt (G. Franz)

[1] Unter dem *Großen Zehnt* ist die prozentuale Abgabe vom Rohertrag an Getreide und Wein an den Grundherrn zu verstehen; der *Kleine Zehnt* erweiterte die Abgabepflicht auf andere Produkte wie Gartenfrüchte oder Klee.

[2] Todfall: Abgabe in Form eines fixierten Anteils am Nachlass, den die Erben des verstorbenen Lehenbauern dem Grundherrn zu entrichten haben.

06 Der Frühkapitalismus und die Anfänge des Welthandels. Das Beispiel Amsterdam

Der Journalist Hans Koning über Amsterdamer Handelsgewinne, Investitionen und Kolonialpolitik (1997):

Bei Beginn des Aufstands [gegen die spanische Fremdherrschaft im Jahr 1579] hatte Amsterdam etwa 30 000 Einwohner; ein halbes Jahrhundert später waren es mehr als 100 000. Dem Bevölkerungszuwachs entsprach die Ausweitung der Handelsflotte. Ein Engländer, der gegen Ende des 16. Jahrhunderts nach Amsterdam kam, schrieb: „Es gehören dieser Stadt tausend Schiffe, die wenigsten davon nur Hunderttonner, dazu noch zahlreiche andere Schiffe und kleinere Boote." Schon bald sah man in jedem Hafen in Europa Schiffe, die die Amsterdamer Fahne führten. [...]

Historiker nennen eine Reihe von Gründen für den Aufschwung. Der lukrative Ostseehandel hatte zu einer Anhäufung von Geld geführt, das für Investitionen zur Verfügung stand; als Folge des hereinströmenden Kapitals entwickelten sich aus Amsterdams traditionellen Zunftgewerben, wie Schiffbau, Weberei, Färberei und Seifenherstellung, die ersten kleinindustriellen Betriebe. Selbst der Calvinismus passte ausgezeichnet zu dieser frühkapitalistischen Atmosphäre. Gemäß der neuen Ideologie war Reichtum ein Zeichen für Gottes Huld, wenn man ihn durch harte Arbeit erwarb und nicht für sündhaften Luxus verschwendete.

Die neue Situation förderte auch Experimente auf kommerziellem Gebiet. Amsterdamer Händler begannen sich zu fragen, warum sie bei ihren Transaktionen weiter die beschwerlichen Zahlungsmittel Gold und Silber verwenden sollten, deren Realwert nach Gewicht berechnet wurde, zumal es nicht selten vorkam, dass skrupellose Geschäftsleute durch Verkleinerung der Münzen ihren Wert um zehn Prozent verringerten. Warum sollte man statt dessen nicht Papiergeld und Hinterlegungsscheine benutzen? Alles, was dazu erforderlich war, war ein Hinterlegungsort, der von jedermann anerkannt wurde, und Amsterdam entschloss sich, einen solchen Ort zu schaffen. Die Stadt richtete 1609 eine Wechselbank ein, fast ein Jahrhundert vor London. [...]

Gegen Ende des 16. Jahrhunderts entwickelten Amsterdamer Schiffbauer die sogenannte Fleute, ein hervorragendes, hochseetüchtiges Schiff, das billig und leicht zu bauen war. Vier- bis sechsmal so lang wie breit, mit bauchigen Seiten, die sich zum Deck hin verjüngten, machte die Fleute schnellere Fahrt als die Boote der französischen und englischen Konkurrenz. Durch die Bauweise verringerten sich außerdem die Aufwendungen für Hafengebühren, die in den europäischen Häfen nach der Breite der Decks der Frachtschiffe berechnet wurden. Zu diesen Vorzügen kam noch hinzu, dass die Fleute von einer nur halb so starken Mannschaft gesegelt werden konnte wie die herkömmlichen Schiffstypen. [...]

Amsterdam verfügte nun über die Schiffe, die Mannschaften und das Geld, um seinen Überseehandel auszuweiten. Die Tatsache, dass Spanier und Portugiesen, die sich noch immer im Krieg mit den Niederlanden befanden, Embargos [Ausfuhrsperren] gegen holländische Schiffe verhängt hatten, war für die Kaufleute der Stadt ein weiterer Anlass, sich nach neuen Märkten außerhalb Europas umzusehen. Die Idee für das Vorhaben war 1594 entstanden, als neun Händler aus Holland – zusammen mit einem Antwerpener Geistlichen und Kartographen namens Plancius – ein Unternehmen gründeten, das den erfreulich romantischen Namen Compagnie von Verre erhielt – die „Gesellschaft der Ferne". Die Väter des Unternehmens hatten es auf die kostbaren Gewürze aus Ostindien abgesehen, das die Portugiesen als ihre Domäne betrachteten, seit Vasco da Gama 1498 den Seeweg nach Indien entdeckt hatte. Eine Forschungsflotte, die die Gesellschaft 1595 nach Indonesien entsandte, kehrte zwei Jahre später mit einer Ladung von neuartigen Gewürzen und Nüssen nach Amsterdam zurück. [...]

Die V.O.C. [Vereinigte Ostindische Kompanie] erzielte horrende Gewinne, ob nun mit fairen oder unfairen Praktiken. Das Unternehmen gab Anteile aus, was zu jener Zeit noch kaum üblich war, und zahlte während der zwei Jahrhunderte seines Bestehens im Durchschnitt jährliche Dividenden in Höhe von 18 Prozent. In den erfolgreichsten Jahren erreichten die Dividenden 50 Prozent und mehr des Nominalwerts der Anteile.

Hans Koning: Amsterdam. Time-Life International, 1977, S. 44-50

06 Die Rolle Hollands bei der Entstehung des Welthandels

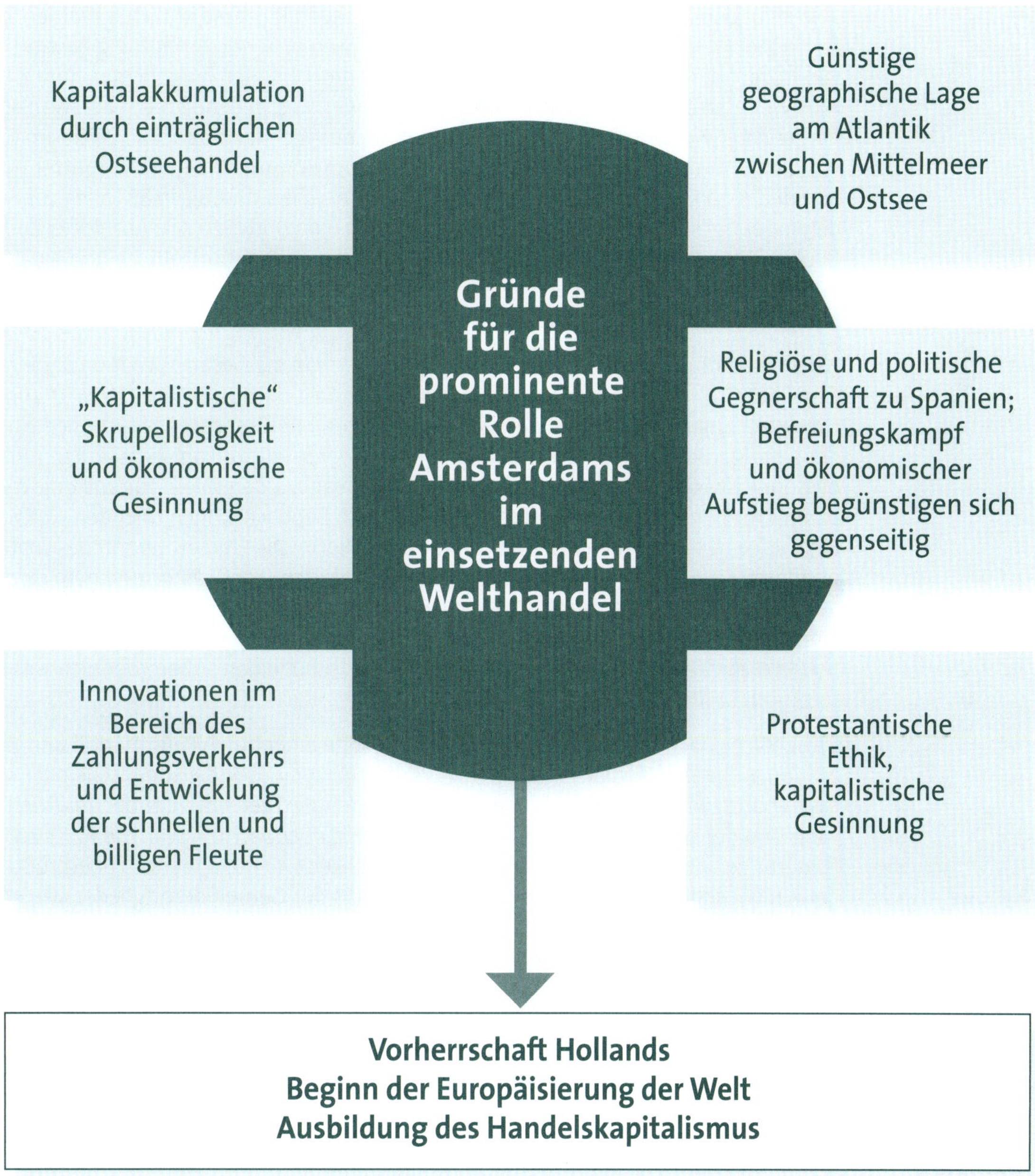

07 Neuere Forschungsergebnisse über das Ausmaß der Hexenprozesse:

Der Historiker Winfried Schulze über die Hexenprozesse (1987):

[Inzwischen liegt] eine Fülle beachtlicher Forschungsergebnisse vor, die uns ein ziemlich genaues Bild über die Zahl der Prozesse und der Opfer, die Prozessarten, die Hexenliteratur und die soziale Herkunft der Opfer ermöglichen. So hat man für den Bereich des Bundeslandes Baden-Württemberg zwischen 1561 und 1670 3229 Hinrichtungen in Hexenprozessen ermittelt, von denen mehr als jede dritte in katholischen Herrschaften stattfand. Im bayerischen Raum sind dagegen für den Zeitraum von 1400 bis 1800 ca. tausend Prozesse ermittelt worden, in denen in 81,5 Prozent der Fälle die Angeklagten freigesprochen bzw. nur geringfügig bestraft wurden. In 13,5 Prozent der Fälle wurden zwischen einer und drei Personen hingerichtet, nur 1,4 Prozent der Fälle weiteten sich zu den sog. großen Verfolgungen aus, in denen mehr als zwanzig Personen hingerichtet wurden. Etwa die Hälfte aller Hinrichtungen fand dabei im Zeitraum von 1586 bis 1594 statt. Ähnlich ist der Befund für das Herzogtum Braunschweig-Wolfenbüttel, wo zwischen 1557 und 1670 225 Anklagen wegen Hexerei auszumachen sind, die in 88 Fällen zur Hinrichtung der Angeklagten führten, davon allein 53 zwischen 1590 und 1620. Alle Anzeichen deuten darauf hin, dass der Zeitraum zwischen 1590 und 1630 zumindest für Deutschland als der Scheitelpunkt der Hexenverfolgungen anzusehen ist. Damit taucht die Frage auf, warum in der zweiten Hälfte des 16. Jahrhunderts die Verfolgungen in dieser eindeutigen Massierung ausbrechen. [...]

Für einen umfassenderen Erklärungsversuch wird man die Gesamtsituation der europäischen Gesellschaften gegen Ende des 16. Jahrhunderts erfassen müssen. Dies bedingt zum einen die Untersuchung der deutlicher werdenden ökonomischen Grenzen, wie sie in den Hungerkrisen der siebziger Jahre schon erkennbar geworden waren. Hinzu kam ein säkularer Preisanstieg, dessen Auswirkungen gerade in Erntekrisen fühlbar wurden. Diese für uns objektiv ermittelbaren Krisenerscheinungen werden ergänzt durch Beobachtungen über den weitverbreiteten Eindruck eines allgemeinen Verfalls moralischer Werte. Die Predigtliteratur des späten 16. Jahrhunderts, die Fülle der Teufelbücher, in denen praktisch jedes Laster zu einem eigenen Teufel aufgewertet wurde (Sauf-, Jagd-, Mode-, Huren-, Bettelteufel, um nur einige zu nennen), so dass eine eigene Publikation mit dem Titel *Theatrum diabolorum* werben konnte, die zeitdiagnostischen Schriften mit Endzeiterwartungen, all dies schuf einen außerordentlich wirksamen Untergrund für die Suche nach Schuldigen.

Diese Suche nach dem Laster war gewiss eine Folge einer durch Reformation und Gegenreformation aufgerüttelten Gesellschaft, die erschrocken war über die augenscheinlich wachsende Diskrepanz zwischen den hohen Ansprüchen einer gottgerechten, tugendhaften Lebensführung und der schlechten Realität, die tagtäglich zu beobachten war. Die Kluft zwischen den Forderungen der Kirchen und der sozialen Wirklichkeit war nicht mehr zu überbrücken. Im Zuge der kirchlichen Überwachung des Lebenswandels der Gemeindemitglieder, wie er durch die Visitationen, aber auch durch die Kirchengerichte immer stärker in die Gemeinden eindrang, wurde das soziale und religiöse Verhalten der Nachbarn einer schärferen Kontrolle unterzogen, als dies im dörflichen Kontext ohnehin schon gegeben war. Wenn auch die aus dem südost- und südwestdeutschen Raum ermittelten Zahlen für Hexenverfolgungen den Eindruck bestätigen, dass ca. drei Viertel der Prozesse von katholischen Obrigkeiten durchgeführt wurden, scheint dies noch kein ausreichender Beleg für eine konfessionsspezifische Interpretation und Zurechnung zu sein.

Winfried Schulze: Deutsche Geschichte im 16. Jahrhundert, 1500-1618. Frankfurt/M. 1987, S. 274 und 281

07 Hexenprozesse – neue Erkenntnisse

- Zunehmende soziale Kontrolle im Zuge von Reformation und Gegenreformation
- Ausbildung neuer Staatlichkeit
- Ansprüche an tugendhaftes Leben steigen – schlechte Realität

- Soziale Konflikte in Dörfern und Städten
- Klimakatastrophen und Ernteausfälle
- Preisansteig für Lebensmittel
- Hunger

- Hexenprozesse vor allem seit Früher Neuzeit
- Zunahme sozialer und religiöser Kontrolle
- Beachtliche Konjunktur von Teufelsbildern und Fegefeuer
- Apokalyptische Visionen

- Hexenprozesse nicht konfessionsspezifisch – Verfolgungen im katholischen wie evangelischen Bereich
- Viele Freisprüche bei Hexenprozessen in Süddeutschland
- Friedrich von Spee, *Cautio criminalis*, 1631, bewirkt Einschränkung der Folter bei manchen Hexenprozessen
- Letzte Hexenverbrennung im Jahr 1775 in der Fürstabtei Kempten

08 Der Dreißigjährige Krieg: Vorgeschichte und Ursachen

Der Dreißigjährige Krieg war zugleich ein innerdeutscher und europäischer Konflikt und in der Geschichte Europas der größte und verheerendste Krieg vor den beiden großen Weltkriegen des 20. Jahrhunderts. Er verwüstete weite Teile Deutschlands und kostete Millionen von Menschenleben, hauptsächlich unter der Zivilbevölkerung, viele davon durch Krankheiten und Seuchen. Das europäische Mächtesystem wurde durch diesen Krieg nachhaltig verändert und umgestaltet. Von Böhmen ausgehend, erfasste er die meisten deutschen Gebiete und eskalierte durch die Intervention verschiedener europäischer Staaten zu einem Großkonflikt, in den außer den deutschen Fürsten und Reichsständen auch Dänemark, Spanien und die Niederlande sowie Schweden und Frankreich verwickelt waren. Mit dem Westfälischen Frieden von 1648 schuf er für das Alte Reich eine Art Grundgesetz, das zwar äußerst kompliziert war, sich aber als funktionierend erwies und bis 1806 Bestand hatte.

Die Ursachen für diesen Krieg waren vielschichtig und reichen weit ins 16. Jahrhundert zurück. Neben die konfessionellen Gegensätze, die sowohl zwischen den Fürstentümern als auch in einzelnen Herrschaften bestanden, traten ungeklärte Machtfragen zwischen der Zentralgewalt, also dem Kaiser und den Ständen. Als weiteres Motiv sind die Hegemonialstreitigkeiten der europäischen Großmächte zu nennen, die mit zunehmender Dauer des Krieges immer bedeutender wurden.

Der Augsburger Religionsfriede von 1555 hatte nach den Kriegen der Reformationszeit im Heiligen Römischen Reich Deutscher Nation zwar vorübergehend Frieden geschaffen, wichtige Fragen aber unentschieden gelassen. So waren die Reformierten (Calvinisten und Zwinglianer) von der Duldung ausgeschlossen. Religionsfreiheit besaßen lediglich die weltlichen Landesobrigkeiten; den geistlichen Fürsten untersagte der sog. geistliche Vorbehalt den Übertritt zum Protestantismus bzw. führte zum Verlust des Landes. Nach dem Konzil von Trient (1545-63) kam es katholischerseits zu verstärkten Bemühungen, den Einfluss des Protestantismus zurückzudrängen. Diese Gegenreformation (oder katholische Erneuerung) wurde vor allem vom neu gegründeten Jesuitenorden getragen. Auch der Kaiser und andere katholische Landesfürsten gingen rigoros gegen Protestanten vor; so wurde in Teilen Österreichs der evangelische Glaube gegen Ende des 16. Jahrhunderts gänzlich beseitigt, die Lutheraner mussten konvertieren oder das Land verlassen.

In Deutschland verschärfte die Vertreibung des zum Calvinismus übergetretenen Kölner Erzbischofs Gebhard durch spanische Truppen im Jahr 1583 die konfessionellen Spannungen. Ein weiterer Schritt auf dem Weg in den Krieg war die vom bayrischen Herzog Maximilian durchgeführte Reichsexekution gegen die evangelische Reichsstadt Donauwörth im Jahr 1608. Protestanten hatten dort die katholische Fronleichnamsprozession gestört, was zur Anrufung der Reichsgewalt durch die katholische Minderheit führte. Das Ergebnis war die Vertreibung der Protestanten aus Donauwörth. Die Empörung über diesen Vorfall führte zur Gründung der protestantischen Union, eines Abwehrbündnisses von evangelischen Fürsten und Reichsstädten unter Führung des pfälzischen Kurfürsten. Die katholischen Reichsstände reagierten darauf mit der Gründung der Liga (1609) unter Führung des bayrischen Herzogs. Habsburg, die größte katholische Macht, blieb diesem Bündnis allerdings fern.

Im Erbfolgestreit um die Macht im Herzogtum Jülich-Kleve-Berg (ab 1609) stießen – neben dynastischen und machtpolitischen Fragen – auch die Interessen von Union und Liga erstmals aufeinander, und es kam zu militärischen Auseinandersetzungen. Aus diesem Konflikt drohte, da Frankreich zum Eingreifen bereit war, ein europäischer Krieg zu werden. Doch wurde dies durch die Ermordung des französischen Königs Heinrich IV. im Jahr 1610 verhindert. Obwohl in den westlichen Teilen des Reiches die Zeichen auf Sturm standen, erfolgte der Ausbruch des Krieges in den habsburgischen Erblanden. Der 1609 von Kaiser Rudolf (gest. 1612) für Böhmen erlassene Majestätsbrief hatte den größtenteils reformierten böhmischen Ständen freie Religionsausübung zugestanden. Sein Bruder und Nachfolger Mathias (1612-1619) war jedoch nicht mehr gewillt, diese Freiheit aufrecht zu erhalten. Die daraus resultierenden Spannungen führten 1618 zum Prager Fenstersturz, bei dem zwei kaiserliche Gesandte von böhmischen Adligen aus den Fenstern der kaiserlichen Burg in Prag gestürzt wurden. Die offene Rebellion der böhmischen Stände fand in der Wahl des pfälzischen Kurfürsten Friedrich V. zum böhmischen König („Winterkönig") 1619 ihren Höhepunkt; er wurde rasch von den Truppen der Liga besiegt. Doch brachte dies den Krieg erst ins Rollen.

Herbert Kohl

08 Wie kam es zum Dreißigjährigen Krieg?

Der Augsburger Religionsfriede (1555) war
ein aus der Not geborener Kompromiss, der viele Fragen offen ließ

▶ Eskalation der Konflikte um 1600, dabei Zusammenspiel verschiedener Konfliktebenen

Dreißigjähriger Krieg
1618 – 1648

Konfessionelle Dimension:

Vordringen der Gegenreformation (z.T. militant; Köln 1583; Donauwörth 1607/08; Jülich-Kleve 1609-14)
➔ Gründung von (prot.) Union und (kath.) Liga

Machtpolitische Dimension:

Expansionsdrang/ Hegemonialstreben:
- Schweden (ab 1630)
- Habsburg (Österreich/Spanien)
- Frankreich (ab 1635)

Reichsrechtliche Dimension:

Machtanspruch des Kaisers
⬍
Mitbestimmung der Stände (Beispiel Böhmen)

Ökonomische Interessen:
- Große wirtschaftliche Bedeutung der Niederlande und Böhmens
- Wiedererlangung des ehemaligen Kirchenbesitzes (Klöster usw.)

▶ Ergebnisse

- Kriegsschauplatz vorwiegend Deutschland: Zerstörungen und enorme Bevölkerungsverluste (v.a. durch Krankheiten und Seuchen)
- Konfessionelle Gegensätze bleiben ungelöst; Westfälischer Friede schafft aber Grundlage für ein geregeltes Nebeneinander
- Reichsstände werden gestärkt; kaiserlicher Einfluss im Reich schwindet weiter
- Im Hegemonialstreit der europäischen Mächte gewinnt Frankreich an Boden

09 Folgen des Dreißigjährigen Kriegs in Deutschland

Der Historiker Rudolf Vierhaus (1984):

Hatte die Bevölkerungskatastrophe des „Schwarzen Todes" [Pest] im späten 14. Jahrhundert zu einem starken Rückgang der Produktion wie des Konsums geführt, so trat zu den Menschenverlusten durch den langen Krieg in der ersten Hälfte des 17. Jahrhunderts die Vernichtung von Produktionsmitteln und -stätten und von Wohnraum. Am stärksten betroffen waren Mecklenburg, Pommern, Brandenburg, das Gebiet zwischen Magdeburg und Leipzig, Niederschlesien, ferner die südwestdeutschen Gebiete bis zur Pfalz und bis Augsburg. Sachsen, Nordhessen, Teile Westfalens und des Rheinlandes, Oberschlesien, Bayern und Böhmen hatten weniger gelitten; an Schleswig-Holstein, großen Teilen Niedersachsens – allerdings nicht dem Harzrand und dem Leinetal –, am westlichen Westfalen, Rheinland und den Alpenländern war der Krieg vorbeigegangen. Aber nicht allein durch Kampfhandlungen sind die Bevölkerungsverluste und Sachzerstörungen entstanden, sondern vielmehr – vor allem, als in der letzten Phase des Krieges unbesoldete Soldaten plündernd durchs Land zogen – durch Mord und Hungersnot, weil die Armeen das Land kahl fraßen und die Äcker unbestellt blieben, und durch Epidemien. 1636-40 kehrte die Pest zurück und überfiel große Teile West- und Süddeutschlands. Insgesamt wird ein Rückggang der deutschen Bevölkerung um 45-50 Prozent der ländlichen, 25-30 Prozent der städtischen Bevölkerung angenommen, in absoluten Zahlen: von 15-16 Millionen Menschen um 1620 auf 10 Millionen um 1650! [...]

Nach dem Kriege wirkte es sich aus, daß es in Deutschland keine breiteren bürgerlichen Schichten mehr gab, die selbstbewußt, materiell potent und gesellschaftlich tonangebend eine lebendige, die Nation als Ganze erreichende Literatur hätten tragen können. [...] Materieller Niedergang und reduziertes Selbstwertgefühl begünstigten die in der 2. Hälfte des 17. Jahrhunderts um sich greifende Anpassung an Mode und Geschmack Frankreichs, die Übernahme französischer Redewendungen und Begriffe. Mit der vollendeten Territorialisierung[1] des Reiches konnte sich noch weniger als zuvor ein Mittelpunkt der politischen Macht, des Geldes, der Kultur und des Geschmacks in Deutschland ausbilden. [...]

Gewiß ist die politische Entwicklung Deutschlands seit der Mitte des 17. Jahrhunderts nicht allein durch den Dreißigjährigen Krieg oder gar den Westfälischen Frieden vorgezeichnet oder festgelegt worden. Die Friedensschlüsse von Osnabrück und Münster besiegelten nicht nur die Ergebnisse dieses Krieges, sondern sind im weiteren historischen Zusammenhang des Prozesses deutscher Dezentralisierung, des konfessionellen Pluralismus und der Schwergewichtsverlagerung im europäischen Staatensystem nach Westen zu sehen. [...]

Je weniger politische Energien vom Reich ausgingen, desto mehr verlagerte sich das Gewicht auf die Einzelstaaten. [...] Der Entwicklungsrückstand durch den Krieg und die Stagnation der Nachkriegsära haben aber auch die Regierungen in besonderem Maße zum Handeln herausgefordert. Als andere Kräfte erschöpft waren, kam ihre geschichtliche Stunde.

Rudolf Vierhaus: Deutschland im Zeitalter des Absolutismus. Göttingen 1984, S. 14 f. 19, 21, 24f.

---

[1] Territorialisierung (von lat. territorium = Herrschaftsgebiet oder auch Stadt) meint in Deutschland die Herausbildung und Festigung zahlreicher weltlicher und geistlicher Landesherrschaften. Die Territorien mit einem weltlichen oder geistlichen Fürsten an der Spitze wurden mit dem Westfälischen Frieden 1648 souverän („Absolutismus").

09 Die Stunde der Regierungen – Deutschland nach dem Dreißigjährigen Krieg

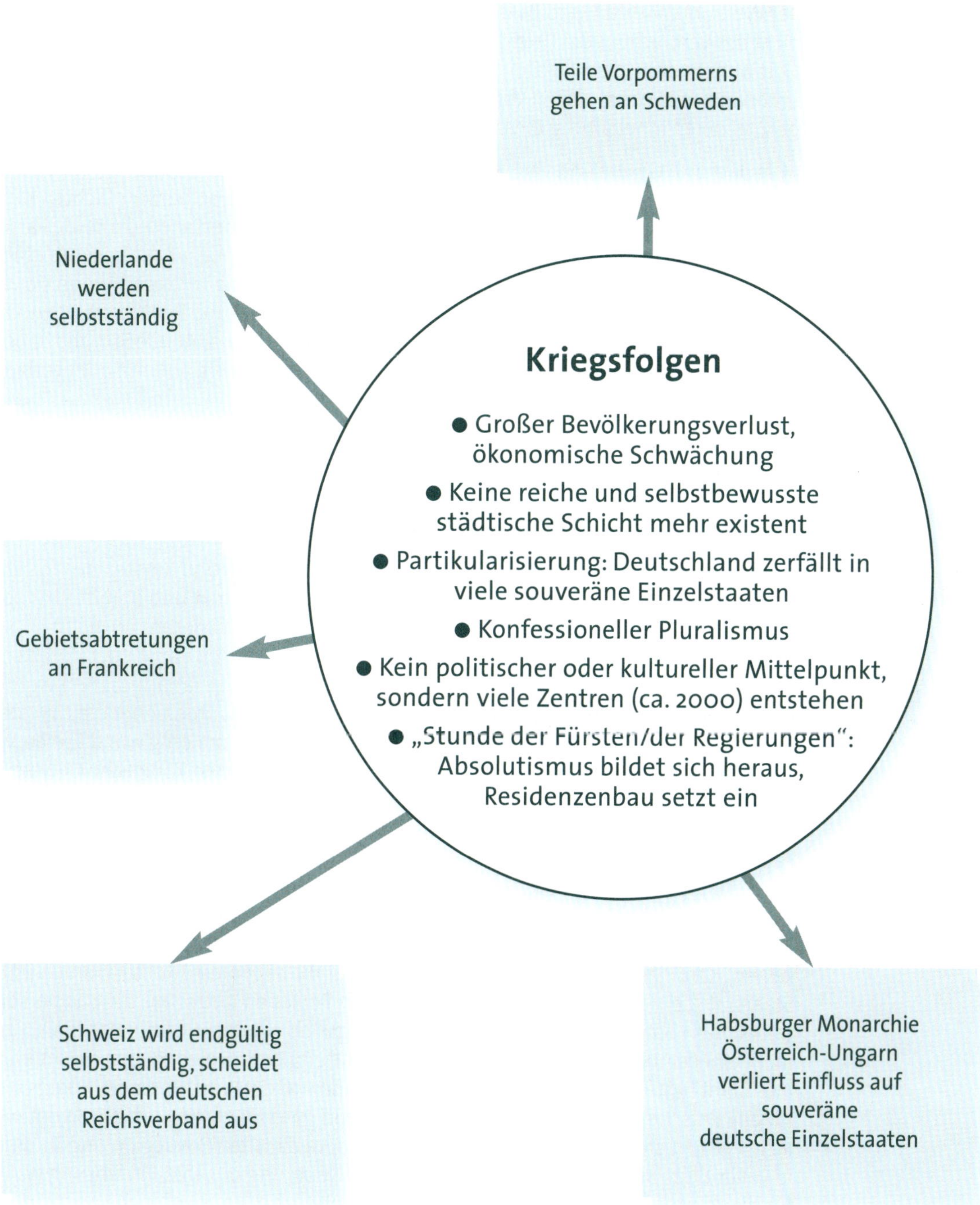

10 Absolutismus

Der französische Rechtsgelehrte und Humanist Jean Bodin (1530-1597) über die Souveränität (1576):

Souveränität ist die absolute und dauernde Macht eines Staates und bedeutet so viel wie höchste Befehlsgewalt. So ist eine Souveränität, die einem Fürsten unter Auflagen und Bedingungen übertragen wird, keine Souveränität im eigentlichen Sinne und keine absolute Gewalt, es sei denn, die bei der Thronerhebung auferlegten Bedingungen entstammten dem göttlichen oder natürlichen Gesetz. [...] Nur den göttlichen und natürlichen Gesetzen sind alle Herrscher der Welt unterworfen, und es liegt nicht in ihrem Ermessen, dagegen zu verstoßen, wenn sie nicht des Verbrechens der Beleidigung der göttlichen Majestät schuldig werden und sich gegen Gott auflehnen wollen. [...] Der Fürst ist weder seinen Gesetzen noch denen seiner Vorgänger unterworfen, wohl aber den von ihm eingegangenen rechtmäßigen und billigen Abmachungen, an deren Innehaltung die Untertanen interessiert sind. [...]

Man darf also Gesetz und Vertrag nicht verwechseln, denn das Gesetz hängt von dem Inhaber der Souveränität ab, der alle seine Untertanen, nicht aber sich selber verpflichten kann. Der Vertrag aber ist eine zweiseitige Bindung von Herrscher und Untertanen, die beide Parteien wechselseitig verpflichtet. [...] Darin zeigt sich gerade die Größe und Majestät eines wirklich souveränen Herrschers, daß die Stände des ganzen Volkes (als Vertreter), wenn sie versammelt sind und in aller Untertänigkeit dem Herrscher ihre Anträge und Bitten vortragen, keinerlei Befugnis zum Anordnen und Beschließen, ja nicht einmal eine beratende Stimme haben, sondern was der König nach seinem Gutdünken annimmt oder verwirft, befiehlt oder verbietet, gilt als Gesetz, Edikt, Befehl.

Aus: Geschichte in Quellen. Renaissance, Glaubenskämpfe. Absolutismus (Übers.: F. Dickmann). 3. Auflage München 1982, 257-260

Der französische Historiker Victor-Lucien Tapié über das Regierungssystem des Absolutismus (1986):

Der König war die höchste Autorität im Staate. Die Gelehrten und Juristen des 16. Jahrhunderts vertraten die Meinung, daß die Macht des Königs unbeschränkt und unmittelbar von Gott gegeben sei. Der König von Frankreich erkannte keinerlei Lehnsherren an, nicht den Papst und nicht den Kaiser. Daher war ein Absetzen des Königs durch den Papst oder durch seine Untertanen unmöglich und wäre als illegale und gotteslästerliche Tat angesehen worden. [...] Die Könige wurden geliebt. In den Revolten gegen ihre Macht wurden eher die Minister und ihre Anmaßung der königlichen Funktion bekämpft. Die Liebe zum König war dieselbe, wie sie Religion und Sitte von den Kindern gegenüber ihren Eltern forderten, königliche Gewalt verschmolz mit der väterlichen Gewalt, sie war sozusagen deren höhere Form. [...] Der König regierte mit Hilfe eines Kanzlers, unterstützt von Staatssekretären, die ihr Amt nur auf seine Veranlassung kaufen konnten, und von Räten, die ihren Auftrag von ihm selbst erhielten. Es gab nur einen *Conseil d'Etat*, einen Staatsrat, der je nach Bedarf verschiedene Aufgaben erfüllte. [...] Ludwig XIV. beschloß schon zu Beginn seiner Regierungszeit, niemandem das Amt eines Premierministers anzuvertrauen. [...] Er entfernte die Mitglieder seiner Familie aus dem Rat und gewährte keinem Kardinal Zutritt. Die Entscheidungen über die allgemeine Politik wurden jetzt in einem Staatsrat *(Conseil d'en haut)* von ganz wenigen Personen getroffen, die das persönliche Vertrauen des Königs besaßen. [...] Im ganzen Königreich wurden die Intendanten [...] zum Instrument einer einheitlichen, fortschrittlichen Verwaltung und zu einer neuen Macht im Staate. Der Intendant hatte den Vorrang vor den Beamten und war der Wortführer des Königs, dessen Wille für alle Entscheidungen maßgebend war. Diese in ganz Frankreich tätigen Agenten der königlichen Macht stellten im damaligen Europa, in dem die alten Privilegien und Traditionen noch in voller Blüte standen, eine fast revolutionäre Neuerung dar. Ihre Einführung war ein Vorteil für die französische Monarchie, die dafür den Vorwurf in Kauf nehmen konnte, despotisch zu regieren und das Leben in den Provinzen abzuwürgen, während Paris ins Maßlose wuchs. Tatsächlich litt die Allgemeinheit unter einem gewissen Druck, da das tägliche Leben für den Einzelnen schwieriger wurde, die finanziellen Belastungen zunahmen, ein Krieg dem anderen folgte und schließlich sogar die Gewissensfreiheit in Frage gestellt war.

Propyläen-Weltgeschichte Bd.7, Frankfurt/M. u. Berlin 1986, S. 295-99 (Originalausgabe: 1960-64)

10 Der Absolutismus – theoretische Grundlagen und politische Praxis

Souveränitätslehre Jean Bodins

- Souveränität = dauernde und absolute Staatsgewalt
- Stände (als Volksvertreter) können Anträge stellen, aber nur König entscheidet
- Herrscher ist nur den göttlichen und natürlichen Gesetzen unterworfen, nicht denen seiner Vorgänger und auch nicht eigenen
- Nur ein (nicht existierender) Vertrag würde König binden, nicht aber das Gesetz

- Reaktion auf die Konfessionskriege in Frankreich
- Soll das Gewaltmonopol des Staates begründen
- Wird im 17. Jh. von Richelieu und Mazarin durchgesetzt (gegen den erbitterten Widerstand der adligen „Fronde“)

Worauf gründet sich der Machtanspruch des Königs?

- Sieht sich als von Gott eingesetzt („Gottesgnadentum“)
- Kennt keine Autorität, die über ihm steht
- Wird als „Vater“ des Volkes gesehen (und geliebt)

Wie regiert der König?

- Mithilfe des Staatsrats (Ludwig XIV. führt selbst Vorsitz)
- Intendanten verwalten im Auftrag des Königs die Provinzen
- *Außerdem:* Adel ist entmachtet; z. T. am Hof des Königs in Versailles (→ Kontrolle)

▶ Der französische Absolutismus wird zum Modell für alle europäischen Regenten

Die Schattenseiten:			
Gefälle zwischen Paris und Provinz wird größer	Druck auf Bevölkerung wächst, v.a. finanziell	Frankreich führt vermehrt Kriege	Glaubensfreiheit wird aufgehoben (1685 Abschaffung des Edikts von Nantes)

11 Ludwig XIV. – Selbstdarstellung und Kritik

Regierungsgrundsätze Ludwigs XIV. (1638-1715) nach seinen „Memoiren" (geschrieben 1661-1668 [?] für seinen Sohn):

Zwei Dinge vor allem waren notwendig: Eigene unablässige Arbeit und sorgfältige Auswahl der Männer, die mir dabei zur Hand gehen konnten. [...]

Ich habe es mir zum Gesetz gemacht, regelmäßig zweimal am Tag zu arbeiten, jedesmal zwei oder drei Stunden mit jeweils verschiedenen Mitarbeitern, nicht gerechnet die Stunden, wo ich für mich allein tätig war, oder die Zeit, die ich von Fall zu Fall über das gewöhnliche Maß hinaus für besondere Geschäfte verwendet habe, wofür ich jederzeit zu sprechen war, wenn sie auch nur ein wenig dringend waren. Eine Ausnahme machte ich nur bei den fremden Gesandten, [...] die man [...] nicht ohne sorgfältige Vorbereitung empfangen darf. [...]

Es sind jetzt zehn Jahre, daß ich – so glaube ich doch – konsequent denselben Weg verfolge, ohne in meiner Beharrlichkeit zu ermüden: Ich bin über alles unterrichtet, höre auch meine geringsten Untertanen an, weiß jederzeit über Stärke und Ausbildungsstand meiner Truppen und über den Zustand meiner Festungen Bescheid, gebe unverzüglich meine Befehle zu ihrer Versorgung, verhandle unmittelbar mit den fremden Gesandten, empfange und lese die Depeschen und entwerfe teilweise selber die Antworten, während ich für die übrigen meinen Sekretären das Wesentliche angebe. Ich regle Einnahmen und Ausgaben des Staates und lasse mir von denen, die ich mit wichtigen Ämtern betraue, persönlich Rechnung legen; ich halte meine Angelegenheiten so geheim, wie das kein anderer vor mir getan hat. [...]

Aus: Geschichte in Quellen, Bd. 3. München 1966, S. 425-27

Nach den Memoiren des Herzogs Ludwig von Saint-Simon (1675-1755), der seit 1691 fast ununterbrochen am Hof Ludwigs XIV. lebte:

Der König war weniger denn mittelmäßig begabt, aber sehr bildungsfähig. Er war ruhmsüchtig und hielt auf Ordnung und Gesetz. Er besaß natürlichen Verstand, war mäßig, verschwiegen, Herr seiner Bewegungen und seiner Sprache, und – so sonderbar es klingen mag – im Kern seines Wesens gütig und gerecht. Gott hatte ihn wohl dazu befähigt, ein guter, ja vielleicht ein großer Monarch zu werden, wenn nicht fremde Einflüsse dazu gekommen wären. [...] Es könnte den Anschein haben, als hätte der König den Hochadel begünstigt und dessen Exklusivität gefördert. Dies war indessen durchaus nicht der Fall. Er hatte vor Aristokraten der Geburt genausoviel Furcht wie vor Aristokraten des Geistes. War jemand beides in einer Person und verriet dies, so war er erledigt. [...] Schmeichelei war der einzige Weg, sich den König geneigt zu machen. [...]

In allem liebte er Glanz, Verschwendung, Fülle. Es war wohlberechnet, daß er die Sucht, ihm hierin nachzueifern, in jeder Weise begünstigte. Er impfte sie seinem ganzen Hofe ein. Wer alles draufgehn ließ für Küche, Kleidung, Wagen, Haushalt und Spiel, der gewann sein Wohlwollen. Um solcher Dinge willen redete er die Leute an. Indem er so den Luxus gewissermaßen zur Ehrensache und für manche zur Notwendigkeit machte, richtete er nacheinander alle zugrunde, bis sie schließlich einzig und allein von seiner Gnade abhingen. So befriedigte er seinen Hochmut und seinen Ehrgeiz. Sein Hof war blendend, und die Rangunterschiede verschwanden in einem allgemeinen Wirrwarr. Er hat dem Lande damit eine Wunde geschlagen, die wie ein Krebsschaden an allem frißt. Vom Hofe aus hat die Verschwendungssucht Paris, die Provinzen, das Heer ergriffen. [...]

Ungezählt sind seine Bauten, diese Merkmale des Hochmuts, der Laune und der Geschmacklosigkeit. Saint-Germain überließ er seinem Schicksal. Paris erhielt keine Verschönerung, außer dem Bau der Königsbrücke, den die Not gebot. Daher steht Paris, trotz seiner beispiellosen Ausdehnung, hinter so vielen europäischen Städten zurück. [...]

Versailles ward erwählt. Der trübseligste, undankbarste aller Orte: aussichts-, wald- und wasserarm, wo der Boden Sand oder Sumpf und die Luft infolgedessen ungesund war.

Es gefiel ihm, auch die Natur zu tyrannisieren, sie der Kunst und dem Geld zu unterwerfen. Planlos reihte er ein Gebäude neben das andere: Häßliches und Schönes, Großartiges und Kleinliches, alles bunt durcheinander.

Aus: Geschichte in Quellen, Bd. 3. München 1966, S. 430-32 (Übers.: W. Weigand)

11 Ludwig XIV. – ein „guter“ Herrscher?

Selbstdarstellung als Herrscher

- Voraussetzung einer guten Regierung: eigene Arbeit (Fleiß, Sorgfalt) und gute Berater
- Regelmäßiges Arbeitspensum, ständiger Kontakt zu den Mitarbeitern
- Will über sein Land genau informiert sein; trifft alle wichtigen Entscheidungen selbst

Bild eines vollkommenen Herrschers, der Hof und Staat kontrolliert

Eklatanter Widerspruch zwischen Selbstbild und Außenwahrnehmung

Bild eines ruhmsüchtigen Herrschers, der egoistisch handelt und dem Land schadet

- Ludwig zwar begabt und gütig, gerät aber unter negativen Einfluss
- Richtet durch Luxus und Verschwendungssucht Gegner und mögliche Kritiker (am Hof) zugrunde
- Versailles: eine „Vergewaltigung“ der Natur; Symbol für den Hochmut des Königs

Sicht eines Adligen (aus dem Hofstaat)

12 Merkantilismus

Der französische Wirtschafts- und Finanzminister Jean-Baptiste Colbert (1619-1683) über die wirtschaftliche Zukunft Frankreichs (1664):

Die Gründe für die Wiederherstellung und Neueinrichtung des Handels sind [...], daß, falls der König der natürlichen Kraft Frankreichs auch noch die von Kunst, Gewerbefleiß und Handel hinzufügen könnte [...], seine Größe und Macht, wie man leicht ermessen kann, ganz bedeutend vermehrt würden. [...] Die Tuch-, Serge-[1] und sonstigen Stoffmanufakturen, die Papiermühlen, Metallwarenfabriken, Seiden- und Leinenwebereien, Seifensiedereien und überhaupt alle sonstigen Manufakturen waren und sind fast völlig ruiniert. Die Holländer haben ihnen allen das Wasser abgegraben und führen dieselben Industrieerzeugnisse bei uns ein, um im Austausch dafür von uns die für ihren Konsum und Handel nötigen Materialien zu beziehen. Würden statt dessen diese Manufakturen bei uns weiter eingerichtet, so hätten wir nicht nur deren Erzeugnisse für unseren Bedarf, so daß sie uns als Zahlungsmittel Bargeld bringen müßten, das sie jetzt für sich behalten, sondern wir hätten auch noch Überschüsse für die Ausfuhr, die uns wiederum einen Rückfluß an Geld einbrächten. Dies aber ist, mit einem Wort gesagt, das einzige Ziel des Handels und das einzige Mittel, Größe und Macht dieses Staates zu vermehren. [...]

Die Gründe für den schlechten Zustand des Binnenhandels sind: die Schulden der Städte und Gemeinden, die den freien Verkehr von Provinz zu Provinz und von Stadt zu Stadt, der noch die Grundlage allen Handels der Untertanen des Königs bildet, hindern; die durch diese Schulden in den Städten verursachten schikanösen Prozesse, die die Bürger erschöpfen, die Menge der überall im Lande und an den Flüssen errichteten Zollstationen, der schlechte Zustand der Landstraßen, die übertriebene Vermehrung der Beamtenstellen, die enorm hohe Besteuerung aller Produkte, [...] die Gleichgültigkeit des Königs und seines Conseil, die das gleiche bei allen Subalternbeamten [unteren Beamten] zur Folge hat, in deren Händen die Polizeigewalt und Befugnis zur Erhaltung und Vermehrung der Manufakturen liegen. [...] Nach dieser kurzen Übersicht über die Lage unseres Binnen- und Außenhandels dürfte es vielleicht am Platze sein, einige Worte über die Vorteile des Handels zu sagen.

Ich glaube, man wird ohne weiteres in dem Grundsatz einig sein, daß es einzig und allein der Reichtum an Geld ist, der die Unterschiede an Größe und Macht zwischen den Staaten begründet. Was dies betrifft, so ist es sicher, daß jährlich aus dem Königreich einheimische Erzeugnisse (Wein, Branntwein, Weinessig, Eisen, Obst, Papier, Leinwand, Eisenwaren, Seide, Kurzwaren) für den Verbrauch im Ausland im Wert von 12 bis 18 Millionen Livres[2] hinausgehen. Das sind die Goldminen unseres Königreiches, um deren Erhalt wir uns sorgen müssen. [...] Je mehr wir die Handelsgewinne, die die Holländer den Untertanen des Königs abnehmen, und den Konsum der von ihnen eingeführten Waren verringern können, desto mehr vergrößern wir die Menge des hereinströmenden Bargeldes und vermehren wir die Macht, Größe und dem Wohlstand des Staates. [...]

Außer den Vorteilen, die die Einfuhr einer größeren Menge Bargeld in das Königreich mit sich bringt, wird sicherlich durch die Manufakturen eine Million zur Zeit arbeitsloser Menschen ihren Lebensunterhalt gewinnen. Eine ebenso beträchtliche Anzahl wird in der Schiffahrt und in den Seehäfen Verdienst finden, und die fast unbegrenzte Vermehrung der Schiffe wird im gleichen Verhältnis Größe und Macht des Staates vermehren. Dies sind die Ziele, nach denen der König meines Erachtens aus guter Gesinnung und Liebe zu seinem Volk streben sollte.

Aus: Geschichte in Quellen, Bd. 3. München 1966, S. 447 f (Übers.: F. Dickmann)

[1] Seidenes Atlasgewebe, hauptsächlich für Damenschuhe und Möbelbezüge verwendet.

[2] Französische Währungseinheit bis zum Ende des 18. Jahrhunderts.

12 Löst der Merkantilismus die Finanzprobleme des absolutistischen Staates?

Analyse Colberts

Holland = Führende Handelsnation, überschwemmt den französischen Markt
➔ Französische Produktion liegt brach

Hohe Verschuldung der Städte und Gemeinden / hohe Besteuerung der Bürger / schlechter Zustand der Infrastruktur

Aufgaben der staatlichen Wirtschaftspolitik

- Förderung des Exports heimischer Waren / Verringerung des Exports (➔ aktive Handelsbilanz)
- Verbesserung/Ausbau der Infrastruktur (Straßen, Kanäle) / Aufhebung der Binnenzölle
- Förderung der Manufakturen / Schaffung von Arbeitsplätzen
- Förderung des Schiffbaus und des Seehandels / Unterstützung der Handelskompanien

Ziel: Steigerung der Staatseinnahmen, da Geld die Grundlage der Größe und Macht von Staaten

➔ Frankreich wird zum Vorbild für andere absolutistische Staaten

Folgen: Ankurbelung der Wirtschaft; Staatseinnahmen steigen, werden aber durch ebenfalls ansteigende Ausgaben (stehendes Heer, zahlreiche Kriege) wieder aufgezehrt (1713 Frankreich nach Spanischem Erbfolgekrieg am Rande des Staatsbankrotts)

Probleme/Kritik:

- Merkantilismus keine volkswirtschaftliche Lehre, eher ein Bündel von Maßnahmen
- Staat fördert mit Manufakturen die Produktion von Luxusgütern, nicht den Massenkonsum
- Landwirtschaft, d.h. die große Mehrheit der Bevölkerung, profitiert kaum

13 Die Folgen des Siebenjährigen Krieges (1756-63)

Der Historiker Horst Möller (1989):

Der Krieg war zu Ende, der dritte und längste Krieg seit nur 23 Jahren. Sieben Jahre hatte er zwischen Österreich und Preußen gewütet – zugleich ein europäischer, ja ein nordamerikanischer Krieg, ein Krieg zwischen den Kolonialmächten England und Frankreich. [...]

Gewahrt blieb im wesentlichen auch der territoriale Besitzstand der verhandelnden Mächte, so daß der Hubertusburger Vertrag [15.2.1763] als ein Remisfriede in die Geschichte einging. Und doch stellte dieser wenig spektakuläre Friedensschluß nicht allein den Abschluß einer kriegerischen Epoche in Mitteleuropa dar, die 1740 begonnen hatte. [...]

Vielmehr wurde nun anerkannt, was bereits nach dem Ersten Schlesischen Krieg von 1740 bis 1742 erreicht worden war: die Eroberung der vormals habsburgischen Provinz Schlesien und der Grafschaft Glatz durch Preußen, und damit war die Basis einer neuen territorialen und politischen Konstellation im Heiligen Römischen Reich Deutscher Nation geschaffen. Von nun an existierten in Europa neben den drei etablierten Großmächten England, Frankreich und Rußland zwei miteinander rivalisierende deutsche Großmächte: Österreich und der Emporkömmling Preußen [„Pentarchie"].

Der Dualismus beider deutscher Großmächte blieb in epochal modifizierten Formen mehr als einhundert Jahre lang erhalten [...].

Waren noch der Spanische Erbfolgekrieg[1] und der Nordische Krieg[2] in dem durch vier Großmächte beherrschten Staatensystem ohne unmittelbare Verbindung geblieben, so wurde seit Friedrichs Griff nach Schlesien die Pentarchie nicht allein durch den Hinzutritt Preußens, sondern auch durch das nähere Zusammenrücken aller europäischen und der weltpolitischen Schauplätze geprägt. Zugleich bewirkte diese Entwicklung größere Flexibilität und Dynamisierung innerhalb des europäischen Staatensystems: Innerhalb des Mächtesystems konnten sich die Gewichte der sich jeweils bildenden Bündnisgruppen schnell verschieben, das Gleichgewicht der Mächte blieb stets Maxime dieser Politik und wurde doch selten Realität. [...]

Unverkennbar hatte sich dieser Wandel seit 1740 beschleunigt. Die österreichisch-französische Annäherung bildete den Kern des „renversement des alliances" [der „Umkehr der Bündnisse"] von 1756 und revolutionierte die Bündnispolitik. [...]

Am 10. Februar [1763] schlossen England, Frankreich und Spanien in Paris einen Friedensvertrag, der Kanada, Florida sowie das Territorium westlich des Mississippi den Engländern zusprach und Frankreichs Herrschaft in der Karibik unangetastet ließ. Damit errang England auf Kosten Frankreichs eine überragende Stellung als führende See- und Kolonialmacht in der westlichen Hemisphäre. [...] Auch in bezug auf Deutschland enthielt der Pariser Frieden Regelungen, da Frankreich auf Druck Englands die bis Kriegsende besetzten Territorien freigab: Hannover, Hessen sowie die preußischen Gebiete am Niederrhein. [...]

In auffälligem Kontrast zu dieser Veränderung – den territorialen Gewinnen und der englischen Dominanz als See- und Kolonialmacht – stand der Hubertusburger Frieden, der dem Pariser auf dem Fuße folgte, denn er änderte auf den ersten Blick nichts: Preußen behielt Schlesien und die Grafschaft Glatz, Sachsen seine territoriale Integrität und Habsburg die Kaiserkrone mit der preußischen Zusage, Maria Theresias Sohn, den Erzherzog Joseph, zum römischen König zu wählen. [...]

Betrachtet man das Hubertusburger Remis, so drängt sich die Frage auf: Wozu dieser sinnlose Krieg, der Hunderttausende von Toten und Verwundeten gefordert und ganze Landstriche verwüstet hat?

Horst Möller: Fürstenstaat oder Bürgernation: Deutschland 1763-1815. Berlin 1989, S. 14-39

---

[1] Der Spanische Erbfolgekrieg (1701-1714) war ein Kabinettskrieg, der um das Erbe des letzten spanischen Habsburgers, König Karls II. von Spanien, geführt wurde. Eine Allianz um die österreichischen Habsburger und England kämpfte gegen eine von Frankreich angeführte Kriegskoalition. Letztlich gelang es Frankreich, mit Philipp V. die bis heute amtierende Dynastie der Bourbonen auf den spanischen Thron zu bringen.

[2] Der Große Nordische Krieg (1700-1721) war ein Krieg um die Vorherrschaft im Ostseeraum. Er hatte für Schweden das Ende als europäische Großmacht und den Aufstieg Russlands als Ergebnis.

13 Der Siebenjährige Krieg (1756-63)

Konstellation:

Die „Umkehrung der Bündnisse" (gegenüber dem Spanischen Erbfolgekrieg 1701-14)

Österreich nun verbündet mit Frankreich (und Russland)

Preußen verbündet mit England

Schauplatz:

Mitteleuropa und Nordamerika

Ergebnisse:

Friede von Hubertusburg (15.2.1763):

„Remisfriede": keine territorialen Veränderungen in Mitteleuropa

Friede von Paris (10.2.1763):

Frankreich verliert große Teile Nordamerikas

Folgen:

- Preußen wird europäische Großmacht:
- Deutscher Dualismus: zwei Großmächte auf deutschem Boden

England wird führende Kolonial- und Seemacht

Ergebnis:

- System der Pentarchie (fünf europäische Großmächte)
- Gleichgewicht der Mächte („balance of power" – aber: eher Theorie als Praxis)

14 Die Ernährungslage in der Frühen Neuzeit

Quantität und Qualität der Ernährung unterschieden sich nach Stand und Vermögen. Getreide war Ernährungsgrundlage, Hauptgericht der Brei aus Hirse, Hafer, Buchweizen, Gerste oder Weizen. Daneben stand der Fladen, der – wenn er hart geworden war – mit Wasser aufgeweicht wurde. Brot wurde im 18. Jahrhundert zur Speise bei Nebenmahlzeiten (Brotzeit). Der Fleischkonsum ging seit dem 16. Jahrhundert stark zurück, dafür traten Getreidespeisen, Suppen (Sauermilch) und Gartenerzeugnisse: Kraut, Gemüse und Obst. Weiteres Grundnahrungsmittel wurde seit dem 18. Jahrhundert die aus Amerika eingeführte Kartoffel. Ihr Anbau wurde in den Hungerjahren 1770/72 vorangetrieben. Als Getränk diente den einfachen Leuten nicht Wasser oder Milch, sondern Bier, in einigen Regionen Wein. Kaffee wurde erst im 18. Jahrhundert von den unteren Schichten angenommen.

Der Seefahrer Joachim Nettelbeck (1738-1824) berichtet von der Hungerkrise in seiner Heimatstadt Kolberg und vom Scheitern der staatlichen Unterstützungsmaßnahmen (1744):

Als ich so etwa fünf oder sechs Jahre alt war, gab es hier bei uns und im Lande weit umher eine so schrecklich knappe und teure Zeit, daß viele Menschen vor Hunger starben. Der Scheffel Roggen galt den damals beinahe für unerschwinglich gehaltenen Preis von einem Taler acht Groschen. Von landeinwärts her kamen viele arme Leute nach Kolberg, die ihre kleinen hungrigen Würmer auf Schiebkarren mit sich brachten und Korn von hier holen wollten. Man erwartete nämlich in unserem Hafen Getreideschiffe, die der grausamen Not steuern sollten.. [...]

Im nächstfolgenden Jahre erhielt Kolberg durch des großen Friedrichs vorsorgende Güte ein Geschenk, das damals hierzulande noch völlig unbekannt war. Ein großer Frachtwagen voll Kartoffeln nämlich langte auf dem Markte an. Durch Trommelschlag erging in der Stadt und in den Vorstädten die Bekanntmachung, daß sich jeder Gartenbesitzer zu einer bestimmten Stunde vor dem Rathause einfinden sollte, da des Königs Majestät ihm eine besondere Wohltat zugedacht habe. Man ermißt leicht, wie alles in eine stürmische Bewegung geriet, und das um so mehr, je weniger man wußte, was es mit diesem Geschenk zu bedeuten habe.

Die Herren vom Rat zeigten nunmehr der versammelten Menge die neue Frucht vor, die hier noch nie ein menschliches Auge erblickt hatte. Dabei ward eine umständliche Anweisung verlesen, wie diese Kartoffeln gepflanzt und bewirtschaftet werden sollten. Besser wäre es freilich gewesen, wenn man eine solche Instruktion geschrieben oder gedruckt gleich mit verteilt hätte, denn in dem Getümmel achteten die wenigsten auf jene Vorlesung. Dagegen nahmen die guten Leute die hochgepriesenen Knollen verwundert in die Hände, rochen, schmeckten und leckten daran. Kopfschüttelnd bot sie ein Nachbar dem andern. Man brach sie auseinander und warf sie den anwesenden Hunden vor, die daran schnupperten und sie dann liegen ließen. Nun war ihnen das Urteil gesprochen. „Die Dinger„, hieß es, „riechen nicht und schmecken nicht, nicht einmal die Hunde mögen sie fressen. Was wäre uns damit geholfen?" – Ganz allgemein glaubte man, daß sie zu Bäumen heranwachsen, von welchen man zu seiner Zeit ähnliche Früchte herabschüttle. [...]

Das Jahr nachher erneuerte der König seine wohltätige Spende durch eine ähnliche Ladung. Allein diesmal verfuhr man dabei höheren Orts zweckmäßiger. Es wurde zugleich ein Reiter mitgeschickt, der als geborener Schwabe des Kartoffelbaus kundig war. Er war den Leuten bei der Auspflanzung behilflich und besorgte ihre weitere Pflege. So kam also diese neue Frucht zuerst ins Land und hat durch immer vermehrten Anbau seitdem kräftig dazu beigetragen, daß nie wieder eine Hungersnot so allgemein und drückend bei uns hat um sich greifen können. Dennoch erinnere ich mich gar wohl, daß ich erst volle vierzig Jahre später, also 1785 etwa, bei Stargard zu meiner Verwunderung die ersten Kartoffeln im freien Felde ausgesetzt gefunden habe.

Joachim Nettelbeck: Eine Lebensbeschreibung, von ihm selbst aufgezeichnet und herausgegeben von J. C. L. Haken, 2. Aufl. Leipzig 1845, S. 3-6

14 Hungerkatastrophen in der Frühen Neuzeit

Ursachen:

- Häufige Missernten
- Bevölkerungswachstum im 18. und 19. Jh.
- Geringe Ernteerträge
- Nur begrenzter Anbau der Kartoffel

▼

Periodische Hungerkatastrophen vor allem im 18. Jh.

▼

Folgen:

- Hohe Mortalität
- Viele Märchen etwa der Grimms thematisieren die Hungerkrisen („Hänsel und Gretel“, „Süßer Brei“ u.a.)
- Hunger wird nicht mehr als Schicksal hingenommen; wissenschaftliche und staatliche Suche nach Lösungsmodellen

▼

Lösungsversuche:

- Kartoffelanbau
- Bauernbefreiung
- Agrarreformen und neue Anbaumethoden
- Erweiterung der Anbauflächen durch Meliorationsmaßnahmen
- Düngung

15 Gängelung oder Aufklärung der Untertanen? Maßnahmen des preußischen Königs Friedrich II.

Förderung des Kartoffelanbaus

Rundverfügung des Königs an die Land- und Steuerräte des Departements Breslau 1757:

Es ist Euch bereits [...] wiederholt [...] aufgegeben worden, den dem Lande, sonderlich der Armuth, so nützlichen Anbau der Kartoffeln Euch bestens angelegen sein zu lassen, denen Kreis-Einsassen den grossen Nutzen davon begreiflich zu machen und selbige zu fleissiger Anbauung dieser nahrhaften Frucht zu animiren und anzuhalten. Da wir nun aus denen eingegangenen Berichten wahrgenommen, dass es den meisten an Kenntniss fehle, wie diese Kartoffeln anzupflanzen, und welchergestalt sich selbige, ein jeder nach seinen Umständen, sonderlich aber der arme Mann zu nutze machen kann, so haben wir eine ordentliche Instruction, wie die Kartoffeln anzupflanzen und wirthschaftlich zu nutzen, entwerfen und zum Druck befördern lassen. Ihr empfanget davon Exemplare mit dem gnädigsten Befehl, jedem Dominio [jeder Herrschaft] und Gemeinde zwei Exemplare zuzufertigen. [...]

Wenn auch viele kleine Leute keine Aecker in den Feldern haben, und denen gleichwohl diese Frucht hauptsächlich zu ihrem Unterhalt zu Nutze kommt, so müssen diese angewiesen werden, bei ihren Häusern und in ihren Gärten, wo nur ein leerer Platz zu finden, diese so nützlichen Kartoffeln anzubauen, da sie den Vortheil haben, dass sie bei müssigen Stunden nahe beim Hause diese Frucht abwarten und desto mehrern Gewinnst davon ziehen können.

Beschäftigung der Kinder auf dem Lande mit Spinnen

Der König an den Minister von Derschau, 1775:

Meine landesväterliche Gesinnung ist immer dahin gerichtet, Meine Unterthanen glücklich zu machen; dazu gehöret aber vorzüglich, dass sie sich zu mehrern Fleiss und Arbeitsamkeit gewöhnen; hieran fehlet es aber besonders in der Chur Mark noch sehr, die Bauren lassen ihre Kinder müssig umher laufen und halten sie zu nichts an, Kinder von 8 und 9 Jahren können zwar bey der Wirthschaft nichts helfen, doch könnten sie, wenn sie aus der Schule kommen, spinnen und damit schon ihr Brodt verdienen, es würden auch ordentliche Wirthe aus ihnen werden, statt dass sie von Jugend auf zur Faulheit sich neigen. Ich werde es daher sehr gerne sehen, wenn Ihr Euch angelegen seyn lasset, wie die jungen Kinder auf dem Lande, die weiter nichts zu thun im Stande sind, mehr zum Spinnen zu gewöhnen, wie solches in den Schlesischen und Saechsischen Gebürgs-Gegenden geschiehet. Die Woll-Fabricanten klagen so über den Mangel von Spinnereyen; auf welche Arth würde diesem Mangel abgeholfen werden, die Leute selbst auch mehr verdienen können. [...]

Für Rechtsgleichheit und ordnungsgemäßes Verfahren vor Gericht

Weisung des Königs an die Staats- und Justizminister 1777:

Es missfällt Mir sehr, da Ich vernehme, dass mit denen armen Leuten, die in Prozess-Sachen in Berlin zu thun haben, so hart umgegangen wird und dass man sie mit Arrest bedrohet und verfolget, wie solches mit dem Jacob Dreher aus dem Amte Liebemühl in Ost-Preussen geschehen, der sich eines Prozesses wegen dort aufhält und den die Polizey hat arretiren wollen. Ob Ich nun wohl derselben solches bereits untersagt habe, so muss Ich Euch dennoch, und besonders dem Etats-Ministre v. Münchhausen hierdurch zu erkennen geben, dass in Meinen Augen ein armer Bauer eben so viel gilt wie der vornehmste Graf und der reichste Edelmann, und ist das Recht sowohl für vornehme als geringe Leute. Ich verbiete daher alles Ernstes, mit denen armen Leuten nicht so hart und gewaltsam zu verfahren und sie vor ausgemachter Sache gleich mit Gefängniss zu bedrohen, vielmehr statt dessen sie glimpflich anzuhören und die Beendigung ihrer Processe desto mehr zu beschleunigen, damit sie prompte abgefertiget werden und nicht nöthig haben, sich darnach dorten so lange aufzuhalten. Ihr habt Euch also hiernach gehörig zu richten.

Aus: Geschichte in Quellen. Renaissance, Glaubenskämpfe, Absolutismus. München 1976, S. 617f., 628

15 Aufgeklärter Absolutismus: Politik im Dienst der Untertanen und des Staates

Aufgeklärter Absolutismus: König ist „Erster Diener des Staates“

Förderung der „Sekundärtugenden“ der Untertanen wie Fleiß, Ordentlichkeit, Arbeitswille; Bauern sollen ihre Not selbst lindern können (nicht „müssig umher laufen“)

Meliorationspolitik: Unwirtliches Land soll in bewirtschaftbares Land umgewandelt werden, dient der Steigerung der Nahrungsmittelproduktion (Bekämpfung der Hungerkrisen)

Gleichheit aller Untertanen vor dem Gesetz und vor Gericht („Recht sowohl für vornehme als geringe Leute“)

Peuplierungspolitik: Bevölkerungspolitik fördert die Zahl der Untertanen, Steuerzahler und Soldaten

Beschleunigung von Rechtsfindung und Gerichtsverfahren; unzufriedene Untertanen sollen ihr Recht bekommen

Wohl der Untertanen dient zugleich dem Staatswohl

Weitere Leitprinzipien des aufgeklärten Absolutismus:

- Religiöse Toleranz, jeder soll nach seiner *façon* selig werden
- Ausarbeitung des einheitlichen Preußischen Landrechts
- Verordnung einer allgemeinen Schulpflicht (scheitert oft an den Verhältnissen)
- Kirche unter Staatsaufsicht (in Österreich)
- Keine Tortur (Folter) mehr bei Gerichtsverfahren
- Einschränkungen des Frondienstes
- Noch keine Judenemanzipation

16 Wie kam es zur sozialen und und ökonomischen „Rückständigkeit" des osmanischen Südosteuropas?

Der Historiker Holm Sundhausen zu strukturellen Problemen des Osmanischen Reichs in der Frühen Neuzeit (1999):

Die bis zu einem halben Jahrtausend (vom ausgehenden 14. bis zum beginnenden 20. Jahrhundert) währende osmanische Herrschaft auf der Balkan-Halbinsel hat die Region nachhaltig geprägt und die Isolierung vom abendländischen Europa vertieft. Sie [...] verschärfte im Gefolge der „Türkenkriege" die vorher schon komplizierte ethnische, sprachliche und konfessionelle Gemengelage. [...] Die osmanische Herrschaft führte zur Islamisierung der Städte sowie eines Teils der Landbevölkerung (vor allem in Bosnien, im albanischen und in Teilen des bulgarischen Siedlungsraums). Der Gegensatz zwischen den multiethnischen und multikulturellen Städten und den [...] weitgehend autarken Gesellschaften des bäuerlichen Umlands vertiefte sich. Der osmanische Staat verhalf zugleich den nicht-islamischen Buchreligionen (Christen- und Judentum) zu einer dem Islam zwar untergeordneten, aber gleichwohl herausragenden Bedeutung [...]. Er entmachtete die mittelalterliche balkanische Feudalschicht (soweit sie nicht zum Islam konvertierte), bot jedoch [...] den führenden Repräsentanten der geduldeten Konfessionen sowie jüdischen, orthodoxen und armenischen Kaufleuten ungeahnte Aufstiegschancen. Er ließ nicht nur den höheren, sondern auch den niederen (leseunkundigen) Klerus zur Führungsschicht der [...] orthodoxen Bevölkerung werden und verfestigte die Macht des Priesterstands. Zu einer Zeit, da sich in weiten Teilen des übrigen Europa der Übergang zur absolutistischen Herrschaftsform vollzog, zerfielen die inneren Machtstrukturen der autoritären sultanischen Herrschaft und machten partieller Anarchie Platz. Der Durchsetzung des Absolutismus im Westen standen die innere Auflösung der osmanischen Verfallszeit und der Zusammenbruch der „pax ottomanica" auf dem Balkan gegenüber.

Da der osmanische Verwaltungsapparat i.d.R. nicht bis zur lokalen Ebene durchgedrungen war (weder im Tiefland, geschweige denn in den Gebirgsregionen), konnten sich archaisch anmutende Formen lokaler dörflicher Selbstverwaltung, gewohnheitsrechtliche Normen (von der Blutrache bis zum Familienrecht) und familiär-klientelistische Netzwerke entwickeln und reproduzieren. Ausgehend von den [...] Gebirgszonen des West- und Zentralbalkans (mit ihren bis ins 19., z.T. ins 20. Jahrhundert) hinein lebendigen Stammesstrukturen in Nordalbanien, Montenegro und Teilen der Herzegowina) verbreiteten sich im Zuge jahrhundertelanger Migrationen patriarchale Kulturmuster über weite [...] Teile der Halbinsel. Ihren Niederschlag fanden sie u.a. in dem für Europa einzigartigen „Balkanfamilienhaushalt" [...] in der Kultivierung der „heroischen Lebensform", in ausgeprägten Ehr- und Schamvorstellungen. [...]

Das in der Blütezeit des Byzantinischen Imperiums ausgeprägte Kultur- und Zivilisationsgefälle vom europäischen Südosten nach Westeuropa kehrte sich seit dem Hochmittelalter allmählich um. Wegen des byzantinisch-orthodoxen und osmanisch-islamischen Erbes folgte die wirtschaftliche und gesellschaftliche Entwicklung des Balkans einem von West- und Mitteleuropa abweichenden Pfad. Die großen Innovationen im Westen (die mittelalterliche Agrarrevolutionen, [...] die Dynamik des internationalen Handels und des Kreditsystems, die Kommerzialisierung der Landwirtschaft, die Proto-Industrialisierung etc.) erreichten den Balkan lange Zeit überhaupt nicht oder nur in abgeschwächter Form. Die Agrarproduktion blieb bis ins 18./19. Jahrhundert auf mittelalterlichem Niveau stecken. [...]

Einen städtischen Genossenschaftsverband mit Autonomie [...], mit eigenen Institutionen und Gerichten hat es auf dem Balkan [...] ebensowenig gegeben wie in anderen Teilen Osteuropas oder im Orient. Zwar waren in spätbyzantinischer Zeit und unter der Herrschaft des Halbmonds einige Städte oder bestimmte städtische Bevölkerungsschichten mit Privilegien ausgestattet worden, aber ein rechtlich abgegrenzter städtischer Verband, der der herrschaftlichen Gewalt hätte entgegentreten können, hat sich daraus nie entwickelt, weder in vorosmanischer noch in osmanischer Zeit. Ansätze zu einer kapitalistischen Wirtschaftsweise und zu einem Bürgertum entstanden erst gegen Ende [...] der osmanischen Herrschaft und konnten sich auch in der Folgezeit [...] nur gegen zähen Widerstand entfalten.

Holm Sundhausen: Europa balcanica. Der Balkan als historischer Raum Europas, in: Geschichte und Gesellschaft 25 (1999), Heft 4, S. 626-653, hier S. 644 ff (sprachlich vereinfacht)

16 Osmanisches Reich und Westeuropa – kulturelle Spaltung

„Lateinischer“ Westen:

- Modernisierung vor allem seit dem Absolutismus
- Agrarrevolution
- Handels- und Kreditsystem
- Anteil am innereuropäischen und am Welthandel
- Kommerzialisierung der Landwirtschaft
- Aufklärung
- Industrialisierung

Modernisierung

Osmanischer Balkan:

- „Türkenkriege“ verschärfen Spannungen und führen zur Spaltung zwischen Westeuropa und dem osmanischen Balkan
- Osmanischer Staat erreicht nicht die lokale Ebene
- Stadt-Land-Gegensatz
- Beibehaltung der dörflichen Selbstverwaltung
- Großer Einfluss des orthodoxen Klerus
- Archaische Normen wie Blutrache
- Stammeskulturen und Patriarchat

Ökonomische und kulturelle Rückständigkeit gegenüber dem Westen

Erst in der zweiten Hälfte des 19. Jahrhunderts kommt es zu zaghaften – aber verspäteten – Reformen, die den Zerfall des Osmanischen Reichs nicht aufhalten können

17 Aufklärung

Der Philosoph Immanuel Kant (1724-1804) zur Frage „Was ist Aufklärung?" (1784):

Aufklärung ist der Ausgang des Menschen aus seiner selbstverschuldeten Unmündigkeit. Unmündigkeit ist das Unvermögen, sich seines Verstandes ohne Leitung eines anderen zu bedienen. Selbstverschuldet ist diese Unmündigkeit, wenn die Ursache derselben nicht am Mangel des Verstandes, sondern der Entschließung und des Mutes liegt, sich seiner ohne Leitung eines andern zu bedienen. Sapere aude! [Wage es, verständig zu sein!] Habe Mut, dich deines eigenen Verstandes zu bedienen! ist also der Wahlspruch der Aufklärung. Faulheit und Feigheit sind die Ursachen, warum ein so großer Teil der Menschen, nachdem sie die Natur längst von fremder Leitung freigesprochen, [...] dennoch gerne zeitlebens unmündig bleiben; und warum es anderen so leicht wird, sich zu deren Vormündern aufzuwerfen. Es ist so bequem, unmündig zu sein. Habe ich ein Buch, das für mich Verstand hat, einen Seelsorger, der für mich Gewissen hat, einen Arzt, der für mich die Diät beurteilt usw., so brauche ich mich ja nicht selbst zu bemühen. Ich habe nicht nötig zu denken, wenn ich nur bezahlen kann; andere werden das verdrießliche Geschäft schon für mich übernehmen. Daß der bei weitem größte Teil der Menschen (darunter das ganze schöne Geschlecht) den Schritt zur Mündigkeit, außer dem daß er beschwerlich ist, auch für sehr gefährlich halte, dafür sorgen schon jene Vormünder, die die Oberaufsicht über sie gütigst auf sich genommen haben.

Immanuel Kant: Beantwortung der Frage: Was ist Aufklärung? Berlinische Monatsschrift. Dezember-Heft 1784, S. 481-494

Die Literaturwissenschaftlerin Hannelore Schlaffer über die Entstehung der bürgerlichen Moral (1999):

Selten nur noch liegen in Cafes Zeitungen aus. Sie erinnern daran, dass das Kaffeehaus einmal eine wichtige politische Institution war. In der Mitte des 18. Jahrhunderts gab es in London 3000 Kaffeehäuser, in denen nicht, wie noch bis vor kurzem, ältere Damen Torten aßen, oder, wie heute, Kinder Coca-Cola tranken, in denen sich vielmehr Männer trafen, die eine gesellschaftliche Veränderung der Welt im Sinn hatten. Dabei dachten sie nicht an einen gewaltsamen Umsturz. Durch Bildung und das Gespräch mit Gleichgesinnten hofften sie auf einen Wandel der politischen Verhältnisse. Die Waffe des verborgenen „guerre civile", den diese Kaufleute, Bankiers, Steuerpächter, Geschäftsleute und Schriftsteller gegen den absolutistischen Staat richteten, war die Tugend. [...]

Clubs (in England), Freimaurerlogen, Lesegesellschaften (in Deutschland) und Kaffeehäuser waren jene halb-öffentlichen Räume, in denen die bürgerliche Meinungsbildung stattfand, indem die neue „Weltanschauung" – ein Begriff allerdings, den Kant erst 1790 erfand – durch Konsens begründet wurde. In den Cafes wurde aber nicht nur geredet, vor allem trafen sich die Bürger dort zur Lektüre.

Ohne eine Vervielfältigung der Medien nämlich, ohne die Verbilligung der Papierherstellung und des Buchdrucks und ohne die Organisation der Presse, hätte sich eine bürgerliche Bildung von solch politischem Ausmaß nicht entwickeln können. [...] Jedenfalls hatten die Wochenschriften die politische Aufklärung ebenso wie die private Erziehung im Auge. [...] Dieses Nachdenken also über den Stilwandel des privaten Lebens unter dem Aspekt seiner öffentlichen Wirksamkeit nannte man im 18. Jahrhundert Tugendhaftigkeit. Beide Sphären, Privatheit und Öffentlichkeit, vermischen sich in den „Moralischen Wochenschriften". [...] So war denn die Kirche vom Kaffeehaus abgelöst worden, die Predigt von der Bühne, der bürgerliche Salon, in dem gelesen, gemalt, geredet wurde, trat an die Stelle der Hofbälle, die Tätigkeiten der Staatskabinette suchten die Logen in ihren geheimen Sitzungen nachzuahmen – das Ziel war, ohne Gewalt die fürstlichen Herren abzusetzen.

Tugend und Vernunft gediehen im geselligen Umgang. [...] In der Französischen Revolution fand die bürgerliche Tugendpraxis einen gewaltsamen Ausdruck. Sie wurde auf eine Probe gestellt, die sie nicht bestand. Für die Veränderung der politischen Verhältnisse brauchte es zwar die moralischen Ideen und zarte Gefühle als Anregung, aber sie genügte nicht, um die bürgerliche Gesellschaft zur Übernahme der Macht zu befähigen. Um dieses Ziel zu erreichen, griffen die Wohlfahrtsausschüsse zu Mitteln, die die bürgerliche Moralisten erschreckt hätten: zu Krieg, Terror, Mord. Die Tugend musste gewalttätig werden, um politisch zu wirken.

Hannelore Schlaffer: Triumph der Tugend; in: Wegmarken des Jahrtausends. Stuttgart 1999, S. 104-106

17 Aufklärung – die Weltanschauung des Bürgertums

Immanuel Kant (1784)

Aufklärung

- Befreiung aus selbstverschuldeter Unmündigkeit
- Erfordert Mut und geistige Unabhängigkeit
- Wird verhindert von den „Vormündern", also den Autoritäten und Obrigkeiten

→ **„Sapere aude!"**

Wie setzte sich die Aufklärung im Bürgertum durch?

Große Bedeutung der Medien, vor allem von Büchern und Zeitschriften

Kaffeehäuser

- Lektüre von Zeitschriften
- Meinungsbildung
- Bildungsgespräche

Clubs, Logen, Lesegesellschaften

- Vorträge, Leseabende
- Fördern neues, oft kritisches Denken
- Diskussionen

ZIEL: Ablösung der adligen Werteordnung und Lebensweise durch bürgerliche, gegründet auf Vernunft und Tugend/Absetzung der Fürsten (ohne Gewalt)

ABER: Die bürgerliche Moral zeigt sich in der Französischen Revolution auch in Form von Terror und Mord

18 Declaration of Independence

Am 2. Juli 1776 beschloss der Zweite Kontinental-Kongress, dass die 13 Vereinigten Kolonien freie und unabhängige Staaten seien. Zwei Tage später, am 4. Juli, billigte der Kongress ohne Gegenstimmen, bei Enthaltungen des Staates New York, die Unabhängigkeitserklärung der Vereinigten Staaten von Amerika. Aus der Präambel:

[...] Folgende Wahrheiten halten wir für selbstverständlich: dass alle Menschen gleich geschaffen sind; dass sie von ihrem Schöpfer mit gewissen unveräußerlichen Rechten ausgestattet sind; dass dazu Leben, Freiheit und das Streben nach Glück gehören; dass zur Sicherung dieser Rechte Regierungen unter den Menschen eingesetzt werden, die ihre rechtmäßige Macht aus der Zustimmung der Regierten herleiten; dass, wann immer irgendeine Regierungsform sich als diesen Zielen abträglich erweist, es Recht des Volkes ist, sie zu ändern oder abzuschaffen und eine neue Regierung einzusetzen und diese auf solchen Grundsätzen aufzubauen und ihre Gewalten in der Form zu organisieren, wie es ihm zur Gewährleistung seiner Sicherheit und seines Glückes geboten zu sein scheint. [...]

Auf die Präambel folgt eine Auflistung von Rechtsbrüchen und Missbräuchen, die der englische König nach Ansicht der Revolutionäre gegen die Bevölkerung der 13 Kolonien begangen hat:

Die Regierungszeit des gegenwärtigen Königs von Großbritannien ist von unentwegtem Unrecht und ständigen Übergriffen gekennzeichnet, die alle auf die Errichtung einer absoluten Tyrannei über diese Staaten abzielen. Zum Beweise dessen seien der gerecht urteilenden Welt Tatsachen unterbreitet: [Es folgen 18 Beschwerden, u.a.:]

Er hat wiederholt Abgeordnetenkammern aufgelöst, weil sie mit männlicher Festigkeit seinen Eingriffen in die Rechte des Volkes entgegengetreten sind. Er hat Richter hinsichtlich der Amtsdauer und der Höhe und des Zahlungsmodus ihrer Gehälte von seinem Willen allein abhängig gemacht.

Er hat eine Unzahl neuer Ämter geschaffen und Schwärme von Amtsträgern hierhergesandt, um unser Volk zu drangsalieren und seine Substanz aufzuzehren.

Er hat in Friedenszeiten ohne Zustimmung unserer gesetzgebenden Versammlung auf unserem Boden stehende Heere unterhalten.

Er hat danach gestrebt, das Militär von der Zivilgewalt unabhängig zu machen und es ihr überzuordnen.

Er hat sich mit anderen zusammengetan, um uns eine Form der Rechtsprechung aufzuzwingen, die unserer Verfassung fremd und von unseren Gesetzen nicht anerkannt war [...].

Er hat seinen Herrschaftsanspruch hier dadurch aufgegeben, dass er uns als außerhalb seines Schutzes stehend erklärte und Krieg gegen uns führte.

Er hat unsere Meere geplündert, unsere Küsten verheert, unsere Städte niedergebrannt und unsere Mitbürger getötet.

Er schafft gerade jetzt große Heere fremder Söldner heran, um das Werk des Todes, der Verheerung und der Tyrannei zu vollenden, das er bereits mit Grausamkeit und Treuebrüchen begonnen hat, die ihresgleichen kaum in den barbarischsten Zeiten finden und des Oberhauptes einer Zivilisierten Nation völlig unwürdig sind.

Er hat im Inneren Aufstände in unserer Mitte angezettelt und versucht, die erbarmungslosen indianischen Wilden gegen unsere Grenzbewohner aufzuhetzen, deren Kriegführung bekanntlich darin besteht, ohne Unterschied des Alters, Geschlechts oder Zustands alles niederzumetzeln. [...]

Daher tun wir, die in einem gemeinsamen Kongress versammelten Vertreter der Vereinigten Staaten von Amerika, unter Anrufung des obersten Richters über diese Welt als Zeugen für die Ehrlichkeit unserer Absichten namens und im Auftrag der rechtschaffenen Bevölkerung dieser Kolonien feierlich kund und zu wissen, dass diese Vereinigten Kolonien freie und unabhängige Staaten sind und es von Rechts wegen bleiben sollen; dass sie von jeglicher Treuepflicht gegen die britische Krone entbunden sind, und dass sie als freie und unabhängige Staaten das Recht haben, Krieg zu führen, Frieden zu schließen, Bündnisse einzugehen, Handel zu treiben und alle anderen Handlungen vorzunehmen und Staatsgeschäfte abzuwickeln, zu denen unabhängige Staaten rechtens befugt sind. [...]

Aus: Willi Paul Adams (Hrsg.): Die Amerikanische Revolution in Augenzeugenberichten. München 1976, S. 262 ff.

18 Folgen der Aufklärung: Amerikanische Unabhängigkeitserklärung

Ideen der Aufklärung:

- Naturrecht
- Montesquieu und Locke: Gewaltenteilung und Recht auf Eigentum
- Volkssouveränität
- Gleichheit der Menschen („gleich geschaffen")
- Menschenrechte („unveräußerliche Rechte")

Mentale Voraussetzungen:

- Freiheitsbewusstsein
- Gefühl, etwas Besonderes zu sein: „God's own country"
- Grundsätzliche Ablehnung von feudalen Strukturen

Politische Rahmenbedingungen:

- Kritik an England („Tyrannei", „ständige Übergriffe" etc.)
- „No taxation without representation"
- Zusammenschluss der Kolonien
- Allmähliche militärische Stärke

Unabhängigkeitserklärung 1776

Leitende politische Prinzipien:

- Revolutionäres Verständnis von Staat und Regierung
- Staat garantiert unveräußerliche Menschenrechte (gelten aber nicht für Indianer und Schwarze)
- Regierung wird durch Regierte legitimiert
- Ablehnung von Tyrannei

19 Gesellschaftliche und politische Konflikte vor der Französischen Revolution

Verteilung des Grundbesitzes in Frankreich:

1. Stand: Klerus	*2. Stand: Adel*	*3. Stand: Bürger*	*3. Stand: Bauern*
10% des Bodens	*25%*	*30%*	*35%*
ca. 130 000 Personen = 0,5% der Bevölkerung	*ca. 350 000 Personen 1,5% der Bevölkerung*	*ca. 5,7 Mio.*	*ca. 12,7 Mio. 3. Stand gesamt ca. 18,5 Mio. Personen = 98% der Bevölkerung*
von Steuern befreit	*von Steuern befreit*	*zahlen Steuern*	*zahlen Steuern und leisten Abgaben und Dienste*

Als die Regierung 1776 allen Grundbesitzern eine Steuer zur Finanzierung des Straßenbaus auferlegen will, der bisher durch Frondienste geleistet wurde, legt das Parlament (= Gerichtshof) von Paris Widerspruch bei König Ludwig XVI. ein:

„Majestät,

Die französische Monarchie setzt sich ihrem Aufbau nach aus mehreren voneinander unterschiedenen und getrennten Ständen zusammen. Diese Unterscheidung von Lebensbedingungen und Menschen geht auf den Ursprung des Volkes zurück; sie ist mit seinen Lebensgewohnheiten entstanden; sie ist die kostbare Kette, die den Herrscher an seine Untertanen bindet. [...]

In der Gesamtheit, die aus diesen verschiedenen Ständen gebildet wird, sind alle Menschen Ihres Königreiches Untertanen; alle sind verpflichtet, zu den Bedürfnissen des Staates beizutragen. Aber gerade in diesen Beiträgen erkennt man immer wieder die Ordnung und die allgemeine Harmonie. Der besondere Dienst der Geistlichkeit besteht darin, alle Aufgaben zu erfüllen, die sich auf den Unterricht und den religiösen Kultus beziehen, und zur Tröstung der Unglücklichen durch ihre Almosen beizutragen. Der Adlige weiht sein Blut der Verteidigung des Staates und hilft dem Herrscher mit seinen Ratschlägen. Die letzte Klasse des Volkes, die dem Staat nicht so hervorragende Dienste erweisen kann, leistet ihren Beitrag durch die Abgaben, durch Arbeitsamkeit und durch körperliche Dienste. Das ist, Majestät, das uralte Gesetz der Verpflichtungen und Pflichten Ihrer Untertanen.

Obgleich alle in gleicher Weise treu und gehorsam sind, hat man ihre verschiedenen Lebensbedingungen nie miteinander vermischt, und die Natur ihrer Dienstleistungen hängt wesentlich von der ihres Standes ab. Gemäß diesen Grundsätzen und diesen Beispielen bittet Ihr Parlament Ihre Majestät inständig, die Anwendung und die Folgen der Verordnung, die Sie an das Parlament gerichtet haben, zu überdenken.

Dadurch dass die Verordnung die unterste Klasse der Bauern von den Frondiensten befreit, denen sie bisher unterworfen waren, überträgt sie diese Last auf die beiden anderen Stände des Staates, die dazu nie verpflichtet waren. Es gibt keinen Unterschied mehr zwischen allen Ihren Untertanen; der Adlige und der Geistliche werden zu Frondiensten verpflichtet, oder – was auf dasselbe hinauskommt – sie werden zur Zahlung der Steuer verpflichtet, die an die Stelle des Frondienstes treten soll.

Hierbei handelt es sich keineswegs, Majestät – wie man Ihnen darzustellen versucht hat –, um einen Kampf der Reichen gegen die Armen. Es ist das eine politische Frage und zwar eine der wichtigsten, da es darum geht, klarzustellen, ob alle Ihre Untertanen miteinander vermischt werden können und sollen, ob man aufhören muss, anzuerkennen, dass es unter ihnen verschiedene Lebensbedingungen, Abstufungen, verbriefte Rechte und Vorrechte gibt. [...]"

Aus: Irmgard und Paul Hartig: Die Französische Revolution. Stuttgart 1984, S. 24f.

19 Warum kommt es in Frankreich zur Revolution?

Staatliche Finanzkrise:
teure Hofhaltung,
Kriege, hohe
Staatsverschuldung

Aufklärer
(Montesquieu,
Rousseau, Voltaire u.a.)
kritisieren das
bestehende System
und entwickeln grund-
legend neue Modelle

Adelsopposition
will auf Privilegien
nicht verzichten

Politische und soziale Krise vor 1789

Gerichtshöfe
blockieren Reformen

Elend der Bauern,
die Beschwerdebriefe
formulieren;
Hungersnöte
in Städten

Einberufung der Generalstände; Vertreter des 3. Standes erklären sich zur Nationalversammlung, schaffen Feudalordnung ab, formulieren Grund- und Menschenrechte und entwickeln eine Verfassung

20 Warum führt die Revolution Krieg?

Der Journalist und einer der führenden Abgeordneten der Girondisten[1], Jacques Pierre Brissot (1754-1793), nahm am 16.12.1791 im Jakobinerclub Stellung zur Frage, ob man Krieg gegen die deutschen Fürsten führen solle, die die Revolution bedrohten:

Die Kraft der Überlegung und der Tatsachen hat mich davon überzeugt, dass ein Volk, das nach zehn Jahrhunderten der Sklaverei die Freiheit errungen hat, Krieg führen muss. Es muss Krieg führen, um die Freiheit auf unerschütterliche Grundlagen zu stellen; es muss Krieg führen, um die Freiheit von den Lastern des Despotismus rein zu waschen, und es muss schließlich Krieg führen, um aus seinem Schoß jene Männer zu entfernen, die die Freiheit verderben könnten. [...]

In den letzten zwei Jahren hat Frankreich alle gütlichen Mittel ausgeschöpft, um die Rebellen [die Emigranten] in seinen Schoß zurückzuführen. Alle Versuche, alle Aufforderungen sind fruchtlos gewesen; sie setzten ihren Aufruhr fort. Die fremden Fürsten halten beharrlich daran fest, sie zu unterstützen. Dürfen wir noch zögern, sie anzugreifen? [...]

Und nun: Welches Ergebnis wird dieser Krieg haben? [...] Er muss uns rächen, indem wir diese Räuberbande austilgen, oder wir werden es uns gefallen lassen müssen, die Spaltungen, Verschwörungen und Verwüstungen fortdauern und die Unverschämtheit unserer Aristokraten mehr denn je ausufern zu sehen. Sie bauen auf die Armee in Koblenz, und daher rührt ebenfalls die Halsstarrigkeit unserer Fanatiker [antirevolutionäre Priester und ihre Anhänger]. Wenn ihr mit einem einzigen Streich die Aristokratie, die eidverweigernden Priester und die Missvergnügten austilgen wollt, dann müsst ihr Koblenz in Schutt und Asche legen. Das Oberhaupt der Nation [der König] wird dann genötigt sein, gemäß der Verfassung zu regieren, sein Heil nur in seiner Verfassungstreue zu erblicken und sein Verhalten einzig und allein nach ihr auszurichten.

Aus: Walter Markov: Revolution im Zeugenstand. Frankreich 1789-1799, Bd. 2, Gesprochenes und Geschriebenes. Frankfurt/M. 1987, S. 198ff.

Manifest Karl Wilhelm Ferdinands von Braunschweig (1773-1806), der die österreichisch-preußischen Koalitionstruppen befehligte (Koblenz, 25. Juli 1792):

Überzeugt, daß der gesunde Teil des französischen Volks die Ausschweifungen der herrschenden Partei verabscheut und daß der größere Teil der Bewohner mit Ungeduld den Augenblick der Hilfe erwartet, um sich offen gegen die verhassten Maßregeln seiner Unterdrücker zu erklären, fordern Ihre Majestäten dieselben auf, ohne Verzug zur Vernunft, zur Gerechtigkeit, zur Ordnung und zum Frieden zurückzukehren. In dieser Hinsicht erklärt der Unterzeichnete, Oberbefehlshaber der verbündeten Heere, folgendes: [...] 7. daß die Bewohner von Städten, Marktflecken und Dörfern, welche es wagen sollten, sich gegen die Heere Ihrer Majestäten zu verteidigen, und auf dieselben entweder im offenen Felde oder aus den Fenstern, Türen oder andern Öffnungen ihrer Häuser zu schießen, sogleich nach der ganzen Strenge des Kriegsrechts bestraft und ihre Wohnungen zerstört oder angezündet werden sollen. [...] 8. die Stadt Paris und alle ihre Bewohner ohne Unterschied sind schuldig [= verpflichtet], sich sogleich ihrem König zu unterwerfen. [...] Ihre Majestäten erklären ferner auf Ihr kaiserliches und königliches Ehrenwort, daß, wenn das Schloß der Tuilerien gestürmt oder sonst verletzt, wenn die mindeste Beleidigung dem Könige, der Königin und der ganzen königlichen Familie zugefügt, nicht unmittelbar für ihre Sicherheit, ihr Leben und ihre Freiheit gesorgt wird, sie eine beispiellose und für alle Zeiten denkwürdige Rache nehmen und die Stadt Paris einer militärischen Exekution und einem gänzlichen Ruine preisgeben, die Verbrecher selbst aber dem verdienten Tode überliefern werden.

Aus: Walter Grab: Die Französische Revolution. München 1973, S. 108ff.

---

[1] Die Girondisten (französisch girondins) waren eine Gruppierung in der Französischen Revolution. Sie tragen ihren Namen nach dem Department Gironde mit seiner Hauptstadt Bordeaux, aus dem viele Abgeordnete stammten. Obwohl es in dieser Zeit noch keine Parteien gab, waren die Girondisten doch relativ fest organisiert. Sie waren wie die Jakobiner Republikaner, gerieten aber mit diesen in Konflikt. Im Jahr 1793 wurden die meisten Girondisten nach einem Schauprozess hingerichtet.

20 Warum führte die Revolution Krieg gegen Europa?

Innenpolitische Motive

- Französischer König sollte genötigt werden, verfassungsgemäß zu handeln und nicht seinen europäischen Verwandten zu folgen
- Strafe für adlige und kirchliche Flüchtlinge und Emigranten
- Strafe für und Kampf gegen französische adlige Exilanten, die ihre adlige europäische Verwandtschaft gegen Frankreich aufstachelten und die Revolution in eine existenzielle Krise brachten

Außenpolitische Motive

- Export revolutionärer Ideen: Befreiung Europas von den Ketten der feudalen Ordnung und Sklaverei
- Kampf gegen das reaktionäre Europa, um innere Feinde einzuschüchtern und zu bekämpfen

Krieg Frankreichs mit Österreich, Preußen, England u.a.

Die Armeen dieser Staaten waren nach anfänglichen Misserfolgen in der Phase der Grande Terreur erfolgreich

Revolutionskriege waren zugleich Aktion und Reaktion:

- Sie wurden Frankreich aufgezwungen und gingen von Frankreich aus
- Sie brachten die überlieferte feudale Ordnung in Europa nachhaltig in Bewegung
- Die Erfolge der Revolution stabilisierten die autokratischen Systeme und lösten zugleich im übrigen Europa tiefgreifende soziale und politische Wandlungsprozesse aus

21 Der „Große Terror“ („La Grande Terreur“, 1793-1794)

Ein Polizeibeobachter protokolliert am 16. Februar 1794 in Paris ein Gespräch unter Frauen:

Heute herrschte ein extremer Mangel. [...] Die Verzweiflung war so groß, daß ich mehrere Personen gesehen habe, die Tränen vergossen und dabei ausriefen: „Was soll aus uns werden, wenn das so weiter geht? Wir werden Hungers sterben müssen.“ Diese Äußerungen waren in allen Gruppen zu hören und die Gemüter erschienen mir äußerst erregt. „Wir leben nicht im Elend, wir armen Leute!?“ fragte eine Frau in der Rue Saint-Honoré an einer Straßenecke: „Es ist eine Tatsache, daß die Lebensmittel Mangelware sind. Aber, wenn die Polizei aufmerksamer jene überwachen würde, die sie vertreiben, und jene, die sie kaufen, erhielte ein jeder seine kleine Portion. Warum macht man nicht von Zeit zu Zeit Hausdurchsuchungen? Ich kenne Leute, die bei sich Lebensmittel für sechs Monate haben und sie nicht anrühren. Sie sind die ersten, die für Aufregung auf den Märkten sorgen. Sie geben vor, den Hunger zu fürchten, dabei unternehmen sie alles, ihn herbeizuführen. Warum sollen sie mehr Vorrechte genießen als wir? Was?! Mein armer Ehemann ist an der Front gefallen, mein Sohn bekämpft die Briganten der Vendée[1], und ich sollte vor Hunger sterben? Ich?! Während reiche Schurken, die nichts für die Republik getan haben, Vorräte für mehr als sechs Monate in ihrem Keller haben?!?! Will man, daß das Volk ihre Häuser plündert, um unseren Feinden noch einen Vorwand zu liefern, uns zu verleumden?“ „Und Holz,“ sagte eine andere Frau, „die Schuppen der Reichen sind voll davon, und bei den Obsthändlern lassen sie nicht ein Bündel Knüttelholz zurück! Wie schrecklich! Und all das duldet man! Will man uns in die Hoffnungslosigkeit stürzen?“ Einige andere Äußerungen dieser Art wurden noch vor dem Auseinandergehen gemacht, und ein paar Frauen sagten beim Weggehen, daß das alles aufhören müsse; sonst würden sie selbst für Ordnung sorgen.

Aus: Susanne Petersen: Marktweiber und Amazonen. Frauen in der Französischen Revolution. Köln 1987, S. 141

Aus einem Standardwerk zur Französischen Revolution (1977) zu innen- und außenpolitische Belastungen der Französischen Revolution im Jahr 1793:

Die versöhnliche Politik der Montagne[2] konnte die Ausweitung des Bürgerkriegs nicht verhindern. In den Departements, in denen sie stark waren, erhoben sich die Parteigänger der [großbürgerlichen] Gironde und entzündeten eine „föderalistische“ Revolte, während sich gleichzeitig die Kräfte der Vendée verdoppelten und die geschwächten Fronten an allen Grenzen unter Feindesdruck [die englischen, preußischen und österreichischen Interventionstruppen] nachgaben. [...] Nachrichten vom Aufstand in Paris [...] beschleunigten und erweiterten [...] eine in Lyon, Marseille und Bordeaux bereits im Gange befindliche Rebellion. Die Girondeführer, denen die Flucht aus leichtem Hausarrest gelang, und jene unter den 75 Abgeordneten, die eine Protesterklärung [...] unterschrieben hatten, [...] brachten die Provinz zur Erhebung [gegen die Pariser Revolutionsregierung]. [...] Ende Juni befanden sich mehr als zwei Drittel der Departements in offenem Aufruhr gegen den Konvent. [...]

Überall befanden sich die Truppen der Republik mithin auf dem Rückzug, und die schlecht geführten Soldaten machten eine Krise durch. Das unsichere Kommando wechselte aus einer Hand in die andere; der Aristokrat Custine[3] verachtete seinen Vorgesetzten, den „Sansculottenminister“ Bouchotte[4], der nur Oberstleutnant war. Die größte Unordnung herrschte auf dem Kriegsschauplatz der Vendée: die Volksvertreter in Mission, statt die Generäle zu überwachen, zankten sich untereinander. [Der Terror ermöglichte es aber der Regierung, die Feinde an allen Fronten zu besiegen.]

Walter Markov/Albert Soboul: 1789. Die Große Revolution der Franzosen. Köln 1977, S. 287f., 291.

---

[1] Vendeé: Französisches Departement an der Atlantikküste südlich der Bretagne. Die Vendée war im März 1793 Ausgangspunkt eines Aufstandes gegen die Revolution, bei dem die Landbevölkerung gegen die Zwangsrekrutierungen des Pariser Revolutionsparlamentes kämpfte.

[2] Montagne: Eine in dieser Frage auf Ausgleich bedachte Strömung in der Nationalversammlung.

[3] Adam-Philippe de Custine (1740-1793), französischer General; am 27.8.1793 wegen des Vorwurfs, Beziehungen zu Frankreichs Feinden unterhalten zu haben, hingerichtet.

[4] Jean-Baptiste Noël Bouchotte (1754-1840), vom 4.4.1793 bis 20.4.1794 Kriegsminister der Ersten Französischen Republik.

21 Der „Große Terror“ 1793-1794

Tatsächliche oder vermeintliche Gegner der Revolution werden jetzt in großer Zahl mit der Guillotine hingerichtet

Hungerkrise

Sansculotten sind mit der Verfassung von 1791 nicht einverstanden, da sie ihnen keine Rechte einräumte

Reiche Bürger verdienen durch Spekulation mit knappen Lebensmitteln

Aufstände von königstreuen Kräften gegen die Revolution in vielen Departements

– Terrorherrschaft der Jakobiner

– „Levée en masse“ (Massenaushebung)

– Neue Verfassung

Flucht des Königs, Autoritätsverlust der Monarchie

Intervention von Österreich, Preußen, England u.a.

Folgen:

- Hinrichtung der Führer der Jakobiner (1794)
- Volksherrschaft
- Diktatur eines Direktoriums
- Aufstieg Napoleons (ab 1795)
- Napoleon erobert große Teile Europas

In der Französischen Revolution werden alle modernen Regierungsformen (auch Terror) erprobt

22 Wirkungen der Französischen Revolution auf Deutschland

Anfang 1793 erschien im „Niedersächsischen Merkur" die weltliche Fassung eines protestantischen Kirchenliedes von Friedrich Wilhelm von Schütz, einem Hamburger Jakobiner:

Es ist gewißlich an der Zeit,
Daß die Franzosen kommen.
Zum Heil der lieben Christenheit,
Zur Freiheit aller Frommen;
Nun wird das Lachen werden rar
Bei der Aristokraten Schar,
Denn diese werden heulen [...].
Ach Franken helft! Jetzt ist es Zeit!
Kommt doch in unsre Lande!

Und stürzt die Ungerechtigkeit
Und löset unsre Bande!
Macht uns von allem Übel los
Und setzt durch einen Gnadenstoß
Die Despotie vom Throne!
Wir wollen, tapfrer Franken Schar,
Mit Vivat euch begegnen.
Und euch zu diesem Neuenjahr
Mit Heil und Freude segnen!

Aus: Walter Grab (Hrsg.): Freyheit oder Mordt und Todt. Revolutionsaufrufe deutscher Jakobiner. Berlin 1979. S. 89

Zu den Wirkungen der Französischen Revolution auf Deutschland (1990):

Obwohl die Französische Revolution in Deutschland größte Aufmerksamkeit erregte, führte sie hier nicht zu ähnlichen Erhebungen. Die umfassende Umgestaltung der politischen, sozialen und rechtlichen Verhältnisse, die in Deutschland vor sich ging, war eine „Revolution von oben" als Folge des Siegeszuges Frankreichs unter Napoleon oder als Reaktion darauf. Grund für die verschiedene Entwicklung in Frankreich und Deutschland war die in vieler Hinsicht ganz andere Ausgangslage der deutschen Staaten.

Das „Heilige Römische Reich Deutscher Nation" war ein vielgestaltiges, geschichtlich gewachsenes Gebilde aus weltlichen und geistlichen, großen, kleinen und winzigen Staaten – den Territorien –, aus Reichsstädten und Reichsrittern. [...]

Die ständische Sozialhierarchie wurde nirgends ernsthaft in Frage gestellt. Bauern und Handwerker waren tief religiös und von der Aufklärung wenig berührt. Die Bevölkerung lebte insgesamt in beschränkterem Horizont als in Frankreich und war weniger politisch interessiert. Die neuen politischen und sozialen Ideen und Forderungen blieben mehr die Sache einzelner historisch-literarisch Gebildeter. [...] An etwa hundert Orten in Deutschland wurden Freiheitsbäume errichtet. So sollen die Philosophen Hegel und Schelling und der Dichter Hölderlin als Studenten 1793, am Jahrestag des Bastillesturms, einen Freiheitsbaum gepflanzt haben. Georg Wilhelm Friedrich Hegel (1770-1831) nannte die Revolution die „herrliche Morgendämmerung eines glücklichen Zeitalters". [...] Drei deutsche Schriftsteller, die Dichter Klopstock und Schiller und der Pädagoge Campe, erhielten 1792 von der Nationalversammlung das französische Bürgerrecht. Doch mit der Radikalisierung der Revolution trat ein Stimmungsumschwung ein. Die Mehrzahl der Sympathisanten beharrte zwar auf den Ideen von 1789, wandte sich aber von der Revolution ganz ab. [...]

Die Bevölkerung begrüßte die französischen Truppen vielfach als Befreier; in Mainz wurde nach der Besetzung 1792 eine kurzlebige Rheinische Republik gegründet. Vizepräsident der provisorischen Regierung wurde der Schriftsteller, Gelehrte und Weltreisende Georg Forster (1754-1794). Nach Wahlen zu einer verfassunggebenden Versammlung trat im März ein Rheinisch-deutscher Nationalkonvent zusammen, der eine Delegation nach Paris schickte, um dem Konvent den Anschluß an Frankreich vorzuschlagen. Etwa 500 Mitglieder traten dem Jakobinerklub bei, der seine Statuten aus Straßburg besorgte. Die Rückeroberung der Stadt [Mainz] durch preußische Truppen 1793 beendete das Experiment.

Im Jahre 1797 bildete sich im Raum Köln – Bonn – Koblenz eine cisrhenanische [linksrheinische] Bewegung, die für eine an Frankreich angelehnte Tochterrepublik eintrat. Doch das Direktorium entschied sich für Annexion und machte die rheinischen Gebiete bis 1814 zu französischen Departements. Die Gebiete profitierten aber auch in dieser Form von den sozialen Errungenschaften der Revolution und erreichten so einen Vorsprung gegenüber dem übrigen Deutschland.

Arnulf Moser/Joachim Rohlfes/Eberhard Rumpf: Historisch-politische Weltkunde: Vom Ancien Régime zur modernen Welt. Stuttgart 1990, S. 125-27

22 Warum keine Revolution in Deutschland? – Die Französische Revolution und die Deutschen

Ab 1789: Revolution in Frankreich ➔ große Resonanz in ganz Europa

Deutsche Staaten gehen den Weg der Reformen

Territoriale Zersplitterung

▼

Ablehnung der revolutionären Ideen/ keine revolutionäre Bewegung

– Geringes politisches Interesse
– Aufklärung bleibt unpolitisch

Ständische Ordnung wird weitgehend akzeptiert, religiöse Prägung

▼

- Reformen als „Revolution von oben“
- Antifranzösische Stimmung, Ablehnung der Revolution
- Kampf gegen Frankreich als Kampf für Monarchie und Religion

Begeisterung/ Aufruf zum Kampf gegen „Despoten“

▼

Positive Reaktionen

Politik bleibt Sache weniger kritischer Gebildeter

Französische Nationalversammlung ehrt Schriftsteller wie Schiller

Vielerorts Freiheitsbäume

▼

- Gründung einer Mainzer Jakobinerrepublik
- „Cisrhenanische“ Bewegung im Rheinland
- Abwendung vieler Intellektueller wegen Diktatur und Terror

↘ ↙

Auch Napoleons Herrschaft und Einfluss auf Deutschland wird zwiespältig aufgenommen: von Ablehnung und Hass (z.B. E.M. Arndt) bis zu Respekt und Bewunderung (z.B. Hegel)

23 Bauernbefreiung und soziale Konflikte in der ländlichen Gesellschaft

Christian Jacob Kraus (1753-1807), Schüler von Immanuel Kant, war seit 1781 Professor für Praktische Philosophie und Kameralwissenschaften[1], schrieb über die Aufhebung der Privatuntertänigkeit (1802):

„Woher kommt auf vielen Gütern der große Menschenmangel, und warum dauert derselbe, da über ihn schon unsere Väter geklagt haben, immer fort? Aus der natürlichen Ursache, weil die Untertänigkeit fortdauert. Denn sofern der Grundeigner teils den jungen unfreien Leuten das Heiraten verwehrt – um [...] desto mehr lediges Gesinde zu haben! –, teils die Verheirateten in einer Dürftigkeit schmachten lässt, bei welcher sie, wenn sie auch noch so viele Kinder in die Welt setzen, doch aus reinem Unvermögen ihnen die gehörige Wartung und Pflege zu geben, nur eine äußerst kleine Zahl davon groß ziehen können, so muss der Zuwachs von ihnen stocken: So wie natürlich, wenn er freien Leuten weniger bietet, als ihnen andere gern bewilligen, auch der Zulauf von außen für ihn wegfallen muss. Es mangelt also wohl eigentlich auf diesen Gütern nur an solchen Menschen, die um Spottlohn dienen und für ein Hungerleben arbeiten sollen. Und an solchen wird es ewig mangeln, so wie es ewig an der Ware fehlen wird, die man nicht ihrem vollen Werte nach bezahlen will. [...]

Es ist ja wirklich schon hie und da im Lande das Experiment gemacht: Einzelne Gutsbesitzer haben alle ihre Untertanen freigegeben und finden keinen Mangel an Händen, obgleich durch die anderwärts überall fortdauernde Untertänigkeit so viele Menschen gefangen gehalten und der freien Zirkulation entzogen werden. Um so weniger wird also für die Gutsbesitzer überhaupt ein Mangel an Arbeitern dann stattfinden, wenn nach ganz erfolgter Aufhebung der *glebae adscriptio* [Schollenbindung] alles Landvolk frei ihre Herrschaften, so wie diese frei ihr Landvolk wählen können. [...]“

Auf den Einwand: „Aber werden nicht die größeren Kosten der freien Arbeiter den Reinertrag der Güter schmälern?“ gibt Kraus den Nachweis, dass das Wirtschaften mit freien Lohnarbeitern rentabler sei als mit „unfreien Leuten, die gerade durch die entgegengesetzten Ursachen zu jener dämischen Trägheit und jenem tückischen Missmut verstimmt werden, worüber so allgemein geklagt wird.“

Aus: Die preußische Reform unter Stein und Hardenberg, hrsg. von Werner Conze, Stuttgart 1970, S. 8 f.

Der preußische General und Politiker Friedrich August Ludwig von der Marwitz (1777-1837) kritisiert das Oktoberedikt zur Bauernbefreiung von 1811:

Die Verteilung jeder Besitzung in beliebig kleine Portionen wurde erlaubt. Dadurch entstand die jetzige ungeheure Masse der kleinen Grundbesitzer, die von ihrer kleinen Scholle nicht leben können, und die keinen Schutzherrn mehr haben, der bei ihrer Erhaltung interessiert und dazu verpflichtet ist. [...]

Das Untertänigkeitsverhältnis wurde für alle Bauern, die Eigentümer ihrer Grundstücke waren, sogleich, und für die übrigen Lassbauern (Nießbraucher [Nutzer]) zum Martinitag 1810 aufgehoben. Dass die größte Masse der Bauern zu letzteren gehörte und es der ersten nur äußerst wenige gab, ist schon erinnert worden. – Hierdurch wurden nicht nur Missverständnisse erregt, indem die Bauern glaubten, auch ihre Dienste und Abgaben seien aufgehoben (in Oberschlesien kam es zum Aufruhr, und die Kriegsmacht musste einschreiten), sondern und vorzüglich, die Vollendung der Erziehung der Bauernkinder fiel weg. Diese geschah nämlich, nachdem sie eingesegnet waren, durch den dreijährigen Dienst (bei geringem Lohn) in einer geordneten Wirtschaft. Jetzt laufen sie mit vierzehn Jahren in die weite Welt, daher die vielen Armen, Vagabunden und Verbrecher.

Aus: Die preußische Reform unter Stein und Hardenberg, hrsg. von Werner Conze. Stuttgart 1970, S. 42 f.

[1] Unter Kameralwissenschaft oder Kameralistik im weiteren Sinne verstand man im 18. und 19. Jahrhundert jene Wissenschaften, die den Beamten die notwendigen Kenntnisse für die Tätigkeit in der Verwaltung im absolutistischen Staat vermittelten.

23 Aufklärerische Ideen zur Bauernbefreiung und deren soziale Folgen

Gutsuntertänigkeit:

- Geringer Lohn („Hungerleben")
- Arbeitskräftemangel auf Gütern
- Geringe Arbeitsleistung
- „Dämische Trägheit" und „tückischer Missmut" der Landarbeiter

↓

Bauernbefreiung:

- Landarbeiter können Arbeitgeber frei wählen
- Höherer Lohn
- Höhere Motivation
- Höhere („rentable") Produktivität

↓

Folgen der Bauernbefreiung:

- Dynamischere Entwicklung der agrarischen Produktion
- Aber: Verschuldung und Verelendung vieler Kleinbauern
- Spannungen innerhalb der ländlichen Gesellschaft
- Landflucht → Urbanisierung
- Entstehung einer industriellen Reservearmee
- Zunehmende Auswanderung im 19. Jahrhundert

24 Hardenberg: Die „Rigaer Denkschrift“

In seiner „Rigaer Denkschrift“ an den preußischen König Friedrich Wilhelm III. skizzierte der von Napoleon im Juli 1807 entlassene preußische Staatsminister Karl August Freiherr von Hardenberg (1750-1822) am 12. September 1807 die Grundlagen einer Reorganisation des preußischen Staates:

Die Französische Revolution, wovon die gegenwärtigen Kriege die Fortsetzung sind, gab den Franzosen unter Blutvergießen und Stürmen einen ganz neuen Schwung. Alle schlafenden Kräfte wurden geweckt, das Elende und Schwache, veraltete Vorurteile und Gebrechen wurden – freilich zugleich mit manchem Guten – zerstört. Die Benachbarten und Überwundenen wurden mit dem Strome fortgerissen. [...]

Der Wahn, dass man der Revolution am sichersten durch Festhalten am Alten und durch strenge Verfolgung der durch solche geltend gemachten Grundsätze entgegenstreben könne, hat besonders dazu beigetragen, die Revolution zu befördern und derselben eine stets wachsende Ausdehnung zu geben. Die Gewalt dieser Grundsätze ist so groß, sie sind so allgemein anerkannt und verbreitet, dass der Staat, der sie nicht annimmt, entweder seinem Untergange oder der erzwungenen Annahme derselben entgegensehen muss. [...] Also eine Revolution im guten Sinn, gerade hinführend zu dem großen Zwecke der Veredelung der Menschheit durch Weisheit der Regierung und nicht durch gewaltsame Impulsion von innen oder außen – das ist unser Ziel, unser leitendes Prinzip. Demokratische Grundsätze in einer monarchischen Regierung; dieses scheint mir die angemessene Form für den gegenwärtigen Zeitgeist. Die reine Demokratie müssen wir noch dem Jahre 2440 überlassen, wenn sie anders je für den Menschen gemacht ist. Mit eben der Kraft und Konsequenz, womit Napoleon das französische revolutionäre System verfolgt, müssen wir das unsrige für alles Gute, Schöne, Moralische verfolgen, für dieses alles, was gut und edel ist, zu verbinden trachten. Ein solcher Bund, ähnlich dem der Jakobiner, nur nicht im Zweck und in der Anwendung verbrecherischer Mittel, und Preußen an der Spitze könnte die größte Wirkung hervorbringen und wäre für dieses die mächtigste Allianz. [. . .] Man schrecke ja nicht zurück vor dem, was er als Hauptgrundsatz fordert[1], möglichste Freiheit und Gleichheit. – Nicht die regellose, mit Recht verschriene: die die blutigen Ungeheuer der Französischen Revolution zum Deckmantel ihrer Verbrechen brauchten oder mit fanatischer Wut statt der wahren, im gebildeten gesellschaftlichen Zustande möglichen, ergriffen, sondern nur diese nach weisen Gesetzen eines monarchischen Staats, die die natürliche Freiheit und Gleichheit der Staatsbürger nicht mehr beschränken, als es die Stufe ihrer Kultur und ihr eigenes Wohl erfordern.

Aus: Georg Winter (Hrsg.): Die Reorganisation des Preußischen Staates unter Stein und Hardenberg, Band 1. Leipzig 1931, S.305ff.

Der Historiker Hans-Ulrich Wehler über die preußischen Reformen (1987):

Durch die Ausführung der Reformgesetze wurde die altüberlieferte, vielerorts schon in Frage gestellte Agrarverfassung endgültig gesprengt. Dadurch ging, rechtlich gesehen, das Mittelalter auf dem Lande definitiv „zu Ende“. [...] Die Gutsbesitzer erhielten im Zuge der Regulierung, Ablösung und Separation, durch Einziehen, Legen und freien Kauf kultiviertes Bauernland von erheblichem Umfang. [...] Die vielversprechenden Möglichkeiten der neuen Agrargesetze wurden von zahlreichen Rittern erkannt und gewollt. Klagen aus ihrem Kreis dienten vor allem aus taktischen Gründen dazu, die Vorteile noch zu vermehren. Ihre Unzufriedenheit mit den ersten Reformmaßnahmen ließ in dem Maße nach, wie sie erkannten, daß ihnen genutzt, den Bauern jedoch geschadet wurde. Das erleichterte ihnen die Anpassung an den Gang der agrarkapitalistischen Entwicklung. [...]

Die reformpolitische Strategie der „defensiven Modernisierung“ bildete mithin in erster Linie eine produktive Reaktion auf den ungeheuren Anpassungsdruck, der von dem revolutionär-napoleonischen Frankreich auf die deutsche Staatenwelt ausging. Sie erstrebte eine „begrenzte Systemveränderung zur Abwehr eines weitergehenden Umsturzes der politischen, sozialen und wirtschaftlichen Machtstruktur“. Damit erzielte sie innerhalb deutlich markierter Grenzen zum Teil langlebige Erfolge.

Hans-Ulrich Wehler: Deutsche Gesellschaftsgeschichte, Bd. 1. München 1987, S. 417-423 u. S.532f.

[1] Hardenberg bezieht sich hier auf eine Denkschrift seines Mitarbeiters Karl Freiherr vom Stein.

24 Die preußischen Reformen – „Revolution von oben“?

Ausgangslage
- Französische Revolution
- Revolutionskriege
- Niederlage u.a. von Preußen 1806
- „Fremdherrschaft“ Napoleons in Deutschland

Alter Staat
Leitgedanken Hardenbergs:
- Größter Fehler: Festhalten am Alten konnte „Dammbruch der Revolution“ nicht verhindern
- Ursachen: Eigennutz, falsche Ansichten, Fehlen eines Konzepts

Französische Revolution
- Weckt neue Kräfte, gab Frankreich Schwung
- Das Alte und Schwache wurde zerstört
- Grundsätze der Revolution sind weithin anerkannt

Ziel Hardenbergs: „Demokratische Grundsätze in einer monarchischen Regierung“; also: so viel Gleichheit und Freiheit wie möglich

Wirtschaft
- Gewerbefreiheit
- Aufhebung des Zunftzwanges
- Freisetzung von ökonomischen Energien

Bauernbefreiung
- Aufhebung der Leibeigenschaft
- Bauern sollen eigenes Land bewirtschaften
- Höhere Produktivität
- Boden wird Ware

Städtische Selbstverwaltung
- Mitbestimmung
- Neues Bild vom selbstverantwortlichen Bürger

Praktisch-politische Konsequenzen und Maßnahmen

Militärreformen
- Aufhebung des Adelsprivilegs bei Offiziersstellen (Leistungsprinzip)
- Abschaffung entehrender Strafen
- Allgemeine Wehrpflicht

Bildungsreformen
- Lehrerausbildung
- Abitur als Voraussetzung fürs Studium
- Hochschulförderung
- Einheit von Forschung und Lehre

Judenemanzipation

Beurteilung (Wehler):
- Reformen beendeten, vor allem auf dem Land, das Mittelalter
- Im Agrarbereich profitierten die Großgrundbesitzer: „Agrarkapitalismus“ entsteht
- „Defensive Modernisierung“, d.h. begrenzte Systemveränderung mit z.T. langlebigen Erfolgen ➔ politische Stabilisierung (aber keine Verfassung für Preußen, reaktionärer Kurs nach Wiener Kongress)

25 Der Wiener Kongress 1814/1815

Der Historiker H. A. Winkler über die Folgen des Wiener Kongresses für Deutschland (2000):

Die Friedensordnung, die der Wiener Kongreß zuwegebrachte, wirkte nicht nur als Kampfansage an den deutschen Nationalismus; sie war auch so gemeint. [...] Machtpolitisch war es nach dem Sieg über Napoleon wieder möglich, über Völker und Territorien im absolutistischen Stil zu verfügen, und da es möglich war, wurde es auch getan. [...] Eine Wiederherstellung des Heiligen Römischen Reiches stand auf dem Wiener Kongreß nicht zur Debatte: Doch über den vielstimmigen Ruf nach einer neuen und wirksamen Form von deutscher Einheit sich einfach hinwegzusetzen, schien den Vertretern der deutschen Staaten auch nicht ratsam. Das Ergebnis der Bemühungen um ein einigendes Band der 41 deutschen Staaten, die die napoleonische Zeit überdauert hatten oder 1815 wiedererstanden waren, war der Deutsche Bund. Er war kein Bundesstaat, sondern ein Staatenbund: eine Vereinigung souveräner Staaten, die im Bundestag, einem in Frankfurt am Main tagenden ständigen Gesandtenkongreß, ihr einziges gemeinsames Organ hatten. [...] Nach innen konnte der Bund, die notwendigen Mehrheiten im Bundestag vorausgesetzt, militärisch intervenieren, wenn ein Mitgliedsstaat sich bundesfeindlich verhielt oder seine Obrigkeit sich von Aufruhr oder Umsturz bedroht sah. Positiv waren die Mitglieder des Bundes nach Artikel 13 der Bundesakte gehalten, sich eine „landständische Verfassung" zu geben. Wann und auf welchem Weg sie das taten, war ihre Sache, und es stand nicht einmal fest, was der Begriff „landständische Verfassung" eigentlich bedeutete. Eine altständische Verfassung, bei der jeder Stand nur für sich selbst sprach und entschied, konnte damit ebenso gemeint sein wie eine moderne Repräsentativverfassung mit dem Anspruch auf die Vertretung des Volkes insgesamt. [...] Wer in der Zeit der napoleonischen Kriege ein freiheitliches und vereintes Deutschland erstrebt hatte, mußte vom Ausgang des Wiener Kongresses bitter enttäuscht sein.

Heinrich August Winkler: Der lange Weg nach Westen, Bd. 1. München 2000, S. 70-73

Der Historiker Golo Mann über den Wiener Kongress und Europa (1958):

Aus der Koalition gegen Napoleon ging zunächst etwas wie ein europäisches System hervor: eine dauernde Verbindung der Großmächte England, Rußland, Österreich und Preußen. Ihr durfte auch der Besiegte, Frankreich, sich anschließen. Der Deutsche Bund als Ganzes war kein Mitglied dieses Pan-Europa, wohl aber in ihm vertreten durch seine beiden Hauptmächte. [...] Die Vormacht in Deutschland und in Italien, der habsburgische Vielvölkerstaat, Österreich, hatte nichts als Ruhe im Sinn [...], sagen wir besser: die Männer, welche für den Staat sprachen und handelten. Unter ihnen war der bedeutendste der Außenminister oder Staatskanzler, Clemens von Metternich. [...] Die Politik der europäischen Kongresse, insofern Metternich sie beeinflußte, erhielt einen bewegungsfeindlichen, angstvollen, gehässigen Akzent. [...] Der russische Zar hätte wohl gern den spanischen Liberalismus, die Unabhängigkeitsbewegung der Südamerikaner unterdrückt; aber er half den griechischen Rebellen gegen ihre türkischen Herren, weil er selber sich zum Erben der Türkei, zum Meister über den Balkan und Konstantinopel zu machen gedachte. Österreich war für gemeinsamen Kampf gegen die Revolution überall, am stärksten aber da, wo seine eigenen Grenzen bedroht waren, in Italien. Dort handelte es auch, mit oder ohne Auftrag Europas, und stellte die absolute Macht boshafter Zwergdespoten wieder her. Das gleiche tat Frankreich in Spanien. England allein verneinte das Prinzip der Intervention. [...] England widerlegte so den Fürsten Metternich[1] auf moralischer Ebene, während es gleichzeitig wacker seine eigenen Interessen wahrnahm. Denn es hatte weder von der liberalen noch von der nationalen Forderung viel zu fürchten. Die Unabhängigkeit Südamerikas konnte ihm eben recht sein, so auch die Unabhängigkeit Griechenlands, vorausgesetzt, daß es keine Unabhängigkeit von Rußlands Gnaden wäre. – Indem so jede Macht etwas anderes wollte und die Prinzipien nach ihren Interessen bog, fiel das Kongreßsystem von selber auseinander.

Golo Mann: Deutsche Geschichte des 19. und 20. Jahrhunderts. Frankfurt/M. 1958, S. 114-118

---

[1] Klemens Wenzel Nepomuk Lothar Graf (seit 1813 Fürst) von Metternich-Winneburg zu Beilstein (1773-1859), Graf von Königswart, seit 1818 Herzog von Portella, wurde 1809 österreichischer Außenminister. Seit 1813 stieg er zu einem der führenden Staatsmänner in Europa auf und spielte vor allem auf dem Wiener Kongress eine führende Rolle bei der politischen und territorialen Neuordnung Europas im Sinne eines Gleichgewichts der Mächte. Als führender Politiker der Restaurationszeit trat Metternich für das monarchische Prinzip ein und bekämpfte die nationalen und liberalen Bewegungen.

25 Der Wiener Kongress 1814/1815

Ziel: Neuordnung Europas nach den Veränderungen durch die Französische Revolution und Napoleon

Grundsätze:

Restauration
Wiederherstellung des Zustands vor Ausbruch der Revolutionskriege (1792)

Legitimität
Nur die alten Dynastien haben Anspruch auf Macht

Solidarität
Gemeinsame Abwehr von revolutionären, nationalen und liberalen Bewegungen

Folgen für Deutschland

- Absage an eine deutsche Nation; Kampfansage an Nationalismus
- Gründung des Deutschen Bundes (= Staatenbund)
- Position der Fürsten wird gestärkt
- In einigen Staaten Verfassungen (nicht in Preußen und Österreich)

→ Enttäuschung für die fortschrittlichen und freiheitlichen Kräfte

Folgen für Europa

- Interventionen gegen nationale Bewegungen
- Aber: teilweise Unterstützung nationaler Bestrebungen (im eigenen machtpolitischen Interesse)
- Wiederherstellung des Mächtegleichgewichts der Pentarchie
- „Heilige Allianz" (Russland, Österreich, Preußen) relativ stabil; Beziehungen zu England („splendid isolation") und Frankreich brüchig

→ Europäisches Staatensystem, das 1830 und 1848 ins Wanken gerät

26 Österreich – ein Fels in der Brandung: Das „System Metternich"

Graf Klemens Wenzel Lothar Nepomuk von Metternich (1773-1859) prägte entscheidend die Epoche vom Wiener Kongress bis zur Revolution 1848/49. Seit 1801 stand er im diplomatischen Dienst Österreichs, als Gesandter in Dresden, Berlin und Paris. Nach dem Ende des Heiligen Römischen Reiches durch die Niederlegung der Kaiserkrone durch Franz II. 1806 bemühte er sich um eine Annäherung zwischen Österreich und Frankreich. 1809 wurde er Außenminister Österreichs.

Metternich wurde die führende Gestalt auf dem Wiener Kongress. Ihm gelang es, den Befreiungsgedanken der napoleonischen Herrschaft in den Geist der Restauration umzuwandeln. Er initiierte die Zusammenarbeit der Großmächte in der Heiligen Allianz und sicherte die Vormachtstellung Österreichs im Deutschen Bund und in Italien. Als Gegner von Demokratie und Liberalismus errichtete er nach dem Anschlag auf den Dichter Kotzebue (1819) einen Polizeistaat (Karlsbader Beschlüsse) mit Zensur und Spitzelwesen. Seit 1820 bekämpfte er das Risorgimento (die nationale Einigungsbewegung) in Italien. 1848 zwang die Märzrevolution in Österreich Metternich zum Rücktritt.

In einer Instruktion an einen österreichischen Gesandten aus dem Jahr 1826 werden seine politischen Leitgedanken deutlich:

Das erste Ziel der Bemühungen unserer Regierung und aller seit der Wiederherstellung der Unabhängigkeit Europas mit ihr verbündeten Regierungen ist die Aufrechterhaltung der gesetzlichen Ordnung, die das glückliche Ergebnis dieser Wiederherstellung ist; eines Zustandes der Ruhe, der allen die Früchte eines so teuer erkauften Friedens sichert und dadurch allein die für die Zukunft gesäten Keime des Guten fruchtbar zu machen vermag. Seit einigen Jahren sehen wir zu unserer Genugtuung, wie mehrere der Regierungen, die am spätesten die Notwendigkeit der zur Erreichung dieses Zieles geeigneten Maßnahmen einsahen, sich endlich zu der Überzeugung durchrangen, dass die Unterdrückung des noch bestehenden Übels die erste und unerlässliche Vorbedingung dafür ist. Dieses Übel [...] hat gerade seit der allgemeinen Befriedung erschreckende Fortschritte gemacht. Es ist allumfassend in seiner unheilvollen Betätigung, es äußert sich in allen möglichen Formen, in fast allen Ländern. Da es in seiner destruktiven Betätigung allumfassend ist, kann es nur durch einen allumfassenden Widerstand bekämpft und besiegt werden. Dieses Übel ist der revolutionäre Geist, geboren aus jener ordnungswidrigen Unruhe, welche die Umwälzungen der Epoche der heutigen Generation aufgeprägt haben, gespeist durch begehrliche Leidenschaften und tiefe Entsittlichung der einen, begrüßt durch den Fanatismus der anderen. Systematisch in ihren Plänen, streng folgerichtig in ihrem lichtscheuen Treiben finden die Führer dieser gottlosen Sekte, die sich zum Umsturz der Altäre und Throne zusammenschloss, von einem Ende Europas zum anderen Verbündete für die Durchführung ihrer verbrecherischen Unternehmungen, überall da, wo dieselben Leidenschaften dieselben sozialen Verhältnisse in gleicher Weise auf die Geister sich auswirken. Wo sie im Augenblick ihre Brandfackel noch nicht schleudern können, bauen sie ihre Batterien für die Zukunft auf; durch Unglauben und Freigeisterei korrumpieren sie die Gesinnung einer irregeleiteten Jugend, um ihr im günstigen Augenblick die Waffen in die Hand zu drücken. [...] Es ist Zeit, dass alle Regierungen Europas, welches auch immer ihre Verfassungsform sein mag, zu der Einsicht gelangen, dass isolierte Maßnahmen der Schwere des Übels nicht mehr gewachsen sind; dass es um ihrer aller gemeinsamen Sache geht; dass sie handeln müssen, im gleichen Geist und durch gemeinsame Maßnahmen gegen ein Übel, das sie alle in gleicher Weise bedroht.

Aus: Günter Schönbrunn: Geschichte in Quellen. Das bürgerliche Zeitalter 1815-1914. München 1980, S. 36

26 Das System Metternich

Metternich bekämpft:

- Verfassungsbestrebungen, die Idee der Volkssouveränität
- Errungenschaften der Französischen Revolution („Übel"); sie sollen rückgängig gemacht werden
- demokratische und andere umstürzlerische Bestrebungen („Entsittlichung")
- Machtbestrebungen von „fanatischen" revolutionären Bewegungen
- Unsicherheit und Chaos in allen Staaten Europas

Metternich tritt ein für:

- Sicherung der traditionalen „gesetzlichen" Autorität und Ordnung („Ruhe")
- staatliche Legitimität und Souveränität
- eine europäische Friedensordnung
- Einigkeit der europäischen Regierungen bei der Bekämpfung von Umsturzbestrebungen
- Vorherrschaft Österreichs im Deutschen Bund und in Italien

Folgen dieser Politik:

- Lange Friedensperiode nach verheerenden Kriegen
- Verfassungsversprechungen werden in vielen Staaten nicht eingelöst
- Resignation eines Teils der liberalen Bewegung („Biedermeier")
- Anstehende politische Probleme werden im Interesse der Aufrechterhaltung der bestehenden Ordnung nicht gelöst
- Politische Repression
- Soziale und politische Spannungen entladen sich europaweit in der Revolution 1848/49

27 Das Hambacher Fest

Philipp Jakob Siebenpfeiffer (1789-1845), Jurist und politischer Journalist, war zusammen mit dem Publizisten Johann Georg August Wirth (1798-1848) Initiator des Hambacher Festes. Aus Siebenpfeiffers Rede auf diesem Fest (27.5.1832):

Und es wird kommen der Tag, der Tag des edelsten Siegstolzes, wo der Deutsche vom Alpengebirg und der Nordsee, vom Rhein, der Donau und Elbe den Bruder im Bruder umarmt, wo die Zollstöcke und die Schlagbäume, wo alle Hoheitszeichen der Trennung und Hemmung und Bedrückung verschwinden, samt den Constitutiönchen, die man etlichen mürrischen Kindern der großen Familien als Spielzeug verlieh; wo freie Straßen und freie Ströme den freien Umschwung aller Nationalkräfte bezeugen; wo die Fürsten die bunten Hermeline feudalistischer Gottstatthalterschaft mit der männlichen Toga deutscher Nationalwürde vertauschen, und der Beamte, der Krieger, statt mit der Bedientenjacke des Herrn und Meisters, mit der Volksbinde sich schmückt; wo nicht 34 Städte und Städtlein, von 34 Höfen das Almosen empfangend, um den Preis hündischer Unterwerfung, sondern wo alle Städte, frei emporblühend aus eigenem Saft, um den Preis patriotischer Gesinnung, patriotischer That ringen; wo jeder Stamm, im Innern frei und selbstständig, zu bürgerlicher Freiheit sich entwickelt, und ein starkes, selbstgewobenes Bruderband alle umschließt zu politischer Einheit und Kraft; wo die deutsche Flagge, statt Tribut an Barbaren zu bringen, die Erzeugnisse unseres Gewerbefleißes in fremde Welttheile geleitet, und nicht mehr unschuldige Patrioten für das Henkerbeil auffängt, sondern allen freien Völkern den Bruderkuß bringt. [...] Es wird kommen der Tag, [...] wo das deutsche Weib nicht mehr die dienstpflichtige Magd des herrschenden Mannes, sondern die freie Genossin des freien Bürgers, unseren Söhnen und Töchtern schon als stammelnden Säuglingen die Freiheit einflößt, und im Samen des erziehenden Wortes den Sinn ächten Bürgertums nährt; [...] wo, abschüttelnd das Joch des Gewissens, der Priester Trug und den eigenen Irrwahn, der Deutsche zu seinem Schöpfer die unverfälschte Sprache des Kindes zum Vater redet; wo der Bürger nicht in höriger Untertänigkeit den Launen des Herrschers und seiner knechtischen Diener, sondern dem Gesetz gehorcht, und auf den Tafeln des Gesetzes den eigenen Willen liest, und im Richter den freierwählten Mann seines Vertrauens erblickt; [...].

Ja, er wird kommen der Tag;[...] wo die erhabene Germania dasteht, auf dem erzenen Piedestal [sockelartigen Ständer] der Freiheit und des Rechts, in der einen Hand die Fackel der Aufklärung, welche civilisirend hinausleuchtet in die fernsten Winkel der Erde. [...]

Es lebe das freie, das einige Deutschland! Hoch leben die Polen, der Deutschen Verbündete! Hoch leben die Franken, der Deutschen Brüder, die unsere Nationalität und Selbstständigkeit achten! Hoch lebe jedes Volk, das seine Ketten bricht und mit uns den Bund der Freiheit schwört! Vaterland – Volkshoheit – Völkerbund hoch!

Aus: Johann Georg August Wirth (Hrsg.): Das Nationalfest der Deutschen zu Hambach. Neustadt a.d.W. 1832, S. 31f.

Der Historiker Heinrich August Winkler über die Folgen von Hambach (2000):

Die gemäßigten Liberalen Deutschlands, die auf Reformen innerhalb der bestehenden Staaten setzten, fühlten sich [...] von den republikanischen Parolen des Hambacher Festes abgestoßen: Ansatzweise begannen sich bereits zu jener Zeit die Wege von „Demokraten" und „Liberalen" im engeren Sinn zu trennen. [...] Rotteck[1], dem die badische Regierung wie allen Beamten die Reise nach Hambach untersagt hatte, sah die Freiheit durch das Drängen nach Einheit ernsthaft bedroht.

Heinrich August Winkler: Der lange Weg nach Westen. München 2000, S. 83

Der Historiker Thomas Nipperdey zum selben Thema (1983):

Unmittelbar und einschneidend war die Reaktion der Regierungen. [...] Metternich wollte sich diese Gelegenheit nicht entgehen lassen. Das Fest könne „gut benutzt zum Fest der Guten" werden; um die Ordnung zu erhalten, müsse man nun alle staatlichen Gewaltmittel gegen die ganze Bewegung, gegen Presse-, Vereins- und Versammlungsfreiheit einsetzen und auch die liberalen Verfassungstendenzen eindämmen.

Thomas Nipperdey: Deutsche Geschichte 1800-1866. Bürgerwelt und starker Staat. München 1983, S. 371

[1] Karl Wenzeslaus Rodeckher von Rotteck (1775-1840), Historiker und liberaler Politiker, im badischen Landtag ein Führer der liberalen Opposition.

27 Protest im Zeichen von Schwarz-Rot-Gold: das Hambacher Fest 1832

Revolutionäre Tendenzen in Europa (Frankreich 1830; Polen 1831; einige deutsche Staaten)	Politische und ökonomische Unzufriedenheit in der Pfalz (seit 1816 zu Bayern gehörend)	Vorbereitung durch den „Vaterlands- und Preßverein" (Wirth/Siebenpfeiffer)

Historischer Hintergrund des Hambacher Festes

Vom 27.-30. Mai 1832 trafen sich ca. 30 000 Menschen auf Schloss Hambach (Pfalz) zur ersten Massenkundgebung der deutschen Geschichte. *Festredner:* Philipp Jakob Siebenpfeiffer:

- **Sprache:** emotional, pathetisch, kraftvoll, mitreißend, bilderreich/anschaulich, teilweise ironisch und spöttisch
- **Inhalt:** Bekenntnis zum deutschen Nationalstaat, Patriotismus, Rechtsgleichheit, Völkerfreundschaft und „Völkerbund", zu Rechten der Frau, Herrschaft des Rechts und der Verfassung, zu Wissenschaft und Kunst im Dienste des Volkes, zu Ideen der Aufklärung

▶ Siebenpfeiffer entwirft Vision einer deutschen Republik; aber kein Aufruf zu Gewalt und Umsturz

Die Folgen des Hambacher Festes

Spaltung der fortschrittlichen Kräfte in Liberale und Demokraten wird deutlicher	Siebenpfeiffer wird zunächst freigesprochen, dann aber zu einer Haftstrafe verurteilt (wegen „Beamtenbeleidigung"), anschließende Befreiung und Flucht	Verschärfung der Repression durch den Deutschen Bund

28 Liberalismus

Der preußische Gelehrte, Unterrichtsminister und Diplomat Wilhelm von Humboldt formulierte 1792: „Die wahre Vernunft des Menschen [kann nur einen Zustand wünschen, in dem] jeder sich selbst, in seiner Eigentümlichkeit [...] nach seinen Bedürfnissen und Neigungen [entwickeln darf], nur beschränkt durch die Grenzen seiner Kraft und seines Rechts. [...] Der Staat [...] gehe keinen Schritt weiter, als zu ihrer [der Bürger] Sicherstellung gegen sich selbst und gegen auswärtige Feinde notwendig ist; zu keinem anderen Endzwecke beschränke er ihre Freiheit."

Der Liberalismus wurzelt in der Aufklärung, die den Individualismus entdeckte und geistige Freiräume für das Individuum reklamierte. Der deutsche Liberalismus nimmt Forderungen der Französischen Revolution auf, lehnt aber deren radikale Konsequenzen der Guillotine, den Terror und die (napoleonische) Diktatur ab. Zu seinen zentralen Forderungen gehören

- der naturrechtlich begründete Vorrang des Menschen vor dem Staat;
- die Ablehnung ständischer Barrieren, kirchlicher Bevormundung und jeder Form der obrigkeitlichen und bürokratischen Reglementierung.

Der Liberalismus fordert außerdem:

- dass die Herrschaft des Rechts die absolutistische Willkür ablöst;
- dass ein System von Kontrollen die Macht des Staats vermindern und den Machtmissbrauch einzelner Menschen einschränkt;
- eine Verfassung und Gewaltenteilung, die die Macht des Monarchen begrenzt;
- Autonomie und Selbstbestimmung (Eigenverantwortung und Eigeninitiative), die im sozialen, politischen und ökonomischen Leben an die Stelle von Fremdbestimmung treten.

Der Liberalismus proklamiert den mündigen Bürger anstelle des unmündigen Untertans.

Den Liberalen schwebte ein ökonomisches Modell vor, bei dem sich auf dem freien Markt die Kräfte von Angebot und Nachfrage frei von obrigkeitlichen Zwängen entfalten sollen. Dieses Modell, das auf dem Egoismus und der Konkurrenz der Einzelnen beruht, würde zu einem System führen, das den Bedürfnissen und Interessen aller am Marktgeschehen beteiligten Individuen am ehesten gerecht werde.

Liberale organisierten sich im frühen 19. Jahrhundert zu losen Gruppierungen, die auch politische Kundgebungen veranstalteten (Hambacher Fest 1832) und in der Märzrevolution 1848 eine wichtige Rolle spielten. Sie formierten sich im Kaiserreich nach 1871 zu politischen Parteien: zu den Linksliberalen, die sich kritisch zu autoritären obrigkeitlichen staatlichen Maßnahmen verhielten und elementare Grund- und Menschenrechte einforderten, und zu den Nationalliberalen, die primär ihre eigenen ökonomischen Interessen im Blick hatten und entsprechendes staatliches Handeln einforderten. Im Kaiserreich und in der Weimarer Republik war die liberale Bewegung dementsprechend in zwei Flügel gespalten: Während der eine den autoritär-obrigkeitlichen Staat bekämpfte und für mehr Demokratie und den Schutz der Menschenrechte eintrat, befürwortete der andere Flügel primär den Schutz der ökonomischen Interessen der Besitzenden vor (sozial-)staatlichen Reglementierungen. Daher lehnten vor allem die Nationalliberalen die Sozialgesetzgebung des Kaiserreichs als zu weit gehende staatliche Eingriffe ab. In der Weimarer Republik bildete die linksliberale Deutsche Demokratische Partei (DDP) zeitweise mit der SPD und dem Zentrum die „Weimarer Koalition", während die rechtsliberale, großbürgerliche Deutsche Volkspartei eher eine unentschlossene Haltung zur Demokratie einnahm. Beide Parteien kapitulierten 1933 vor dem Nationalsozialismus und nahmen den autoritären Führerstaat fast widerstandslos hin.

In der Bundesrepublik sind beide Flügel des Liberalismus in einer Partei, der FDP, vereinigt, die in konfliktträchtiger Weise beide liberale Strömungen auszubalancieren sucht.

Hartmann Wunderer

28 Ziele des politischen Liberalismus

Der Liberalismus wendet sich gegen:

- die Übermacht des Staates
- Absolutismus, Willkürherrschaft
- Merkantilismus (staatliche Eingriffe ins Wirtschaftsleben)

Er beklagt die Unmündigkeit des Untertanen, der sich fremdbestimmen lässt

↔

Der Liberalismus tritt ein für:

- Freiheit des Individuums
- politische Mündigkeit, Autonomie
- Gleichheit der Stände bzw. deren Abschaffung
- einen „schwachen“ Staat („Nachtwächterstaat“)
- Gewaltenteilung
- Herrschaft des Rechts, der Menschenrechte
- freies Spiel der Marktkräfte, das allen diene

Spaltung der liberalen Bewegung in linksliberale und rechtsliberale Richtung

Linksliberale:

- Ablehnung des nationalen Machtstaats
- Betonung der Menschen- und Freiheitsrechte
- Gewisse Betonung der sozialen Gerechtigkeit

↔

Rechtsliberale:

- Betonung des nationalen Machtstaats
- Betonung der ökonomischen Freiheit der Wirtschaftssubjekte

Spaltung bereits im Deutschen Kaiserreich
Weimarer Republik: linksliberale DDP – rechtsliberale DVP
Beide Strömungen vereinigen sich nach 1945 in der FDP

29 Das Doppelgesicht des Nationalismus

Der Historiker Dieter Langewiesche (2000):

Nationalismus ist ein Geschöpf der Moderne. Als die alteuropäische Welt von der Amerikanischen und der Französischen Revolution in ihren Fundamenten erschüttert wurde und in der napoleonischen Ära dann vollends zerbrach, da gehörte nicht nur die Idee der Selbstbestimmung zu dem neuen Demokratie-Ideal, das seitdem die Welt verändert. Nationalismus gehörte auch dazu. [...] Die neue [...] Legitimität der modernen Nation erwies sich gegenüber allen anderen Ordnungsmodellen [...] als konkurrenzlos überlegen. Wer sich diesem Zwang zur Nationalisierung nicht einfügen konnte, ging unter. [...] Im Rückblick zeigt sich die Wirkungsgeschichte des Nationalismus zwar voller Widersprüche, in ihren großen Linien aber doch klar erkennbar: Im späten 18. Jahrhundert als eine antiständische, egalitäre Befreiungsideologie entstanden, veränderte der Nationalismus die staatliche und auch die gesellschaftliche Ordnung Europas im Laufe eines Jahrhunderts völlig, griff im Gefolge der imperialistischen Eroberungszüge weltweit aus und wurde zu einem zentralen Bestandteil der Europäisierung der Welt. [Der Nationalismus wurde in der „Dritten Welt" zur Befreiungsideologie und trug dazu bei, dass sich die Kolonialreiche auflösten.]

Dieser wechselreiche, ineinander verflochtene Prozess von Aufbau und Zerstörung hatte seinen Ausgang von Europa genommen. Und hier schien er auch zu einem Ende gekommen zu sein – zu einem bis dahin unvorstellbar grausamen Ende. Jedenfalls haben viele Menschen den II. Weltkrieg als das blutige Ende des nationalistischen Zeitalters begriffen. [...]

Es dürfte sich also lohnen, danach zu fragen, welche Rollen der Nationalismus in der Vergangenheit gespielt hat. [...] Nationalismus umfasst in dem Bild, das ich entwerfe, beides, setzt beides frei: Partizipation und Aggression. Wenngleich natürlich in unterschiedlichen Dosierungen in den verschiedenen Gesellschaften und zu unterschiedlichen Zeiten. [...]

In dieser Definition als Integrationsideologie ist die Außenabgrenzung als konstitutives Merkmal enthalten. Das ist wichtig. Denn Nationsbildung vollzieht sich stets als ein doppelseitiger Prozess: nach innen Integration, nach außen Abgrenzung. Beides ist doppelbödig. Auch die Außenabgrenzung hat eine Innenseite. Sie besteht darin, die Nation als Partizipationsgemeinschaft zusammenzuschweißen und handlungsfähig zu machen. Im Gegenbild erkennt sich die Nation, entwirft sie eine Vorstellung von sich selbst. Selbstbild durch Gegenbild, nicht selten gesteigert zum Feindbild.

Doch nicht nur der Blick auf die Außengrenze, auch der Wille zur Integration verbindet Partizipation mit Aggression. Denn die Forderung nach Integration hat historisch immer auch bedeutet, denjenigen Bevölkerungsgruppen, die man nicht als integrationswillig ansieht, die Vollmitgliedschaft in der angestrebten nationalen Gemeinschaft vorerst zu verwehren oder sie sogar auf Dauer auszuschließen, wenn sie als grundsätzlich integrationsunfähig gelten. Nationsbildung als Integrationsprozess darf also in der historischen Betrachtung nicht auf Partizipation verengt werden. [...]

Es führt in die Irre, eine ausschließlich emanzipatorische, noch unschuldige nationale Gesinnung, der Frühzeit scharf abzugrenzen von einem entarteten Nationalismus späterer Zeiten. [...] Nationalismus ist demnach eine Ideologie, die Zerfall und Zerstörung der überlieferten Ordnung legitimiert und an deren Stelle etwas Neues setzen will – vom Anspruch her, dieses Neue, eine Gesellschaft mit einer egalitären Wertordnung [...]. Das ist der Grund, warum Nationalismus historisch als Befreiungsideologie entstanden ist und bis heute, trotz aller nationalistischen Greuel, immer wieder so wirken konnte. [...] Konservativismus und Nationalismus waren ursprünglich Gegenpole: Beharrung und Bewegung. Als sie sich im 19. Jahrhundert einander annäherten, z. T. verschmolzen, veränderten sich beide. Indem der Konservativismus nationalistisch wurde, konnte er sich populistisch erneuern und eine Massenresonanz finden, die er zuvor als Traditionsideologie nie besessen hatte. Auch dies ein doppelbödiger Prozess: Der Nationalismus, diese in ihren Ursprüngen und in ihrem Veränderungswillen revolutionäre Ideologie, modernisierte seit dem späten 19. Jahrhundert den Konservativismus und wurde von diesem zugleich usurpiert. Das ist der oft beschworene Wandel vom linken zum rechten Nationalismus.

Dieter Langewiesche: Nation, Nationalismus, Nationalstaat in Deutschland und Europa, München 2000, S. 35 ff.

29 Das Doppelgesicht des Nationalismus

Nationalismus:
Reaktion auf Französische Revolution

↓

Gegen Fürsten und deutsche Kleinstaaterei ↔ Zunächst antiständische Befreiungsideologie ↔ Gegen Frankreich und Napoleonische Fremdherrschaft

↙ ↘

- Fördert Partizipation und Integration nach innen
- Ausgrenzung von Minderheiten (Juden, Sinti und Roma, nationale Minderheiten)

Positives Selbstbild

- Fördert Abgrenzung und Aggression nach außen
- Legitimiert Kriege

Negative Feindbilder (z.B. „Erbfeind")

↘ ↙

Bündnis mit Konservativismus, verfolgt nun populistische und aggressive, imperialistische Ziele

- imperialistische Kolonialpolitik
- Erster Weltkrieg
- Zweiter Weltkrieg

↓

Delegitimation des Nationalismus in Deutschland nach Nationalsozialismus und Zweitem Weltkrieg

30 Die Revolution von 1848/49

Flugblatt der Wiesbadener Republikaner, 4.4.1848:

Die wichtigsten Fragen der Gegenwart.

I. Welche ist die beste Staatsverfassung? Antwort: Die Republik.
II. Warum? Antwort: Weil sie die einfachste, zweckmäßigste und wohlfeilste ist,
III. Warum ist eine Republik die einfachste und zweckmäßigste Regierungsform?

Weil die Regierung der Republik oder das deutsche Parlament zusammengesetzt ist aus den Abgeordneten der ganzen Nation, wodurch die bisher bestandenen Regierungen der deutschen Könige und Fürsten entbehrlich gemacht werden. [...]

IV. Warum ist die Republik die wohlfeilste Regierung?

Weil wir dann keine Fürsten mit ihren Höfen und Ministern, mit ihren Gesandtschaften und all' dem unnützen Beamtenkram mehr zu ernähren haben, wodurch wir jährlich 130 Millionen Gulden ersparen, mit dem bisher das arme Volk die reichen Müßiggänger auf den Thronen und an den Höfen zu ernähren gezwungen war. Außerdem aber ersparen wir in der Republik alle die unnöthigen Soldaten, welche bisher der Tyrannei der Fürsten dienten. [...]

Eine Republik gewährt außerdem noch folgende Vortheile:

Abschaffung mancher drückenden Abgaben, [...] daß das zum Leben unumgänglich nöthige Einkommen unbesteuert bleibt; Abschaffung der Adelsvorrechte; allgemeine unentgeltliche Schulbildung und Besserstellung der Lehrer durch angemessene Gehalte; Aufhebung aller klösterlichen Einrichtungen; Glaubens- und unbedingte Pressfreiheit, [...] Beseitigung des Mißverhältnisses zwischen Kapital und Arbeit durch ein Arbeitsministerium, in welches jeder tüchtige Arbeiter gewählt werden kann; Hebung der Industrie, des Handels und des Ackerbaues [...].

Das Comité der Republikanischen Gesellschaft

Nassauische Flugblätter aus den Jahren 1848-1850, Mappe 1, Nr. 41 [Hessische Landesbibliothek Wiesbaden]

Flugblatt der Wiesbadener Konstitutionellen, 7.4.1848:

An unsere Nassauischen[1] Mitbürger.

I. Wir halten diejenige Staatsform für die beste, welche sich ohne gewaltsame Zerstörung der gegenwärtigen Verhältnisse ausführen läßt, die Rechte des Volkes sichert, Lasten und Steuern so leicht als möglich macht, Jedem das reichste Maß der Freiheit gewährt, Person und Eigenthum kräftig schützt.

II. Wir sind überzeugt, daß in einer Monarchie, wo das Volk durch seine Abgeordneten unmittelbar an der Regierung theilnimmt, wo die Gemeinden selbständig sind und sich selber verwalten, wo die freie Presse der niemals schweigende Vertheidiger der Volksrechte ist, – Summa, daß in einer durchaus freisinnigen und volksthümlichen Monarchie diese für den gegenwärtigen Zeitpunkt unter den gegebenen Verhältnissen beste Staatsform erreicht ist. Der Fürst ist nicht der Herr des Volkes im alten Sinne, er ist nur der oberste Vertreter des selbstherrlichen Volkes, das leibhaftige Sinnbild der Volksherrschaft. Dies nennt man einen wahrhaft konstitutionellen Fürsten [...]

V. Wir wollen uns der Armen annehmen. Den Arbeitslosen soll zur Arbeit verholfen werden. Weil sie jetzt in der Monarchie hungern müssen, darum glauben Viele, daß es in der Republik besser sey; aber der Hunger wird auch in der Republik bleiben. [...]

VI. Freiheit für Alle, also auch Ehre jeder redlichen Ueberzeugung, jeglichem Parteibekenntniß. Kampf nur mit geistigen Waffen.

Nassauische Flugblätter aus den Jahren 1848-1850, Mappe 1, Nr. 45 [Hessische Landesbibliothek Wiesbaden]

---

[1] Das Herzogtum Nassau war einer der Mitgliedsstaaten des Deutschen Bundes. Das Land bestand nur 60 Jahre lang, nämlich von 1806 bis 1866. Es lag auf dem Gebiet der heutigen Bundesländer Hessen und Rheinland-Pfalz, seine Hauptstadt war bis 1816 Weilburg, danach Wiesbaden.

30 Märzrevolution 1848: Forderungen, Ziele, Probleme

März 1848

In ganz Deutschland werden „Märzforderungen“ gestellt

- Pressefreiheit
- Religionsfreiheit
- Versammlungsfreiheit
- Schutz der Person vor willkürlicher Verhaftung
- Wahl einer Volksvertretung
- Aufhebung von Zensur und Berufsverboten

führt zum Zurückweichen der alten Kräfte ➔ liberale „Märzministerien“/ „Märzrevolution“; neue Forderungen werden gestellt

Republikaner, Demokraten

- Abschaffung der Monarchie
- Ende der „Tyrannei“ und des Beamtenklüngels
- Beseitigung aller Adelsprivilegien
- Beteiligung der Arbeiter an der Regierung

Gemeinsam:

- Freiheit
- „Volksherrschaft“
- Unterstützung von Armen und Arbeitslosen

Liberale, „Konstitutionelle“

- Schutz des Eigentums
- Festhalten an der Monarchie
- Entschiedene Ablehnung von Gewalt und Zerstörung

Klares Bekenntnis zu Revolution und Republik; Gewaltfrage bleibt offen

Geringe Schittmenge

▼

POLARISIERUNG

Klares Bekenntnis zur konstitutionellen Monarchie und zu friedlichem Vorgehen

Ablehnung und Abwehr radikaldemokratischer Ideen und Bereitschaft zur Zusammenarbeit mit den Fürsten durch das liberale Bürgertum wichtiges Kennzeichen und „roter Faden“ der Revolution von 1848/49!

31 Die Revolution von 1848/49 – nur ein Scheitern?

Der Historiker Hans-Ulrich Wehler zu den Folgen der Märzrevolution (1987):

So dramatisch der Absturz von den Höhen der Märzbegeisterung in die scheinbar vollständige Erfolglosigkeit auch wirkte, so rücksichtslos auch das letzte Aufbäumen der Revolution im Frühjahr 1849 im Blut erstickt wurde, verbirgt die Negativbilanz doch allzu leicht eine Reihe von eindrucksvollen Erfolgen, die in dieser Form und zu dieser Zeit ohne den Einfluss der Revolution kaum vorstellbar sind.

Das große Werk der Agrarreformen wurde dank der Revolution endlich abgeschlossen. Keine konservative Regierung hat nach 1849 ernsthaft erwogen, diese Gesetze rückgängig zu machen – sie wurden nicht mehr angetastet, der Schock der Bauernrebellion saß zu tief. Damit aber ist erst endgültig der Schlussstrich unter das Feudalzeitalter in den deutschen ländlichen Gesellschaften gezogen worden. Zusammen mit der Regelung der Abgaben und Leistungen wurde auch die Patrimonialgerichtsbarkeit[1] aufgehoben; staatliche Gerichte versprachen seither eine interessenneutralere Konfliktregulierung. Das Jagdrecht auf fremdem Eigentum verschwand. [...]

Die staatliche Sozialpolitik, die in den frühen 50er Jahren die Lage der Fabrikarbeiter verbessern, die Kinderarbeit einschränken, die Arbeitszeit durch die Fabrikinspektoren kontrollieren, das Hilfskassenwesen nachdrücklich fördern wollte, verkörperte – fasst man nur alle Gesetze und Verordnungen zusammen – den stärksten sozialstaatlichen Eingriff vor der Bismarckschen Sozialpolitik der 80er Jahre. Ohne die Lektion der Revolution, dass man auch gegenüber dem Industrieproletariat eine Strategie der Konfliktdämpfung zu verfolgen habe, hätten sich weder die Herrschaftseliten zu solchen Hilfsmaßnahmen entschlossen, noch wäre diese Sünde gegen den Geist des vorherrschenden Wirtschaftsliberalismus überhaupt begangen worden. [...]

Das öffentliche und mündliche Verfahren wurde [...] allgemein verbindlich eingeführt. Geschworenengerichte wurden an der Urteilsfindung beteiligt. [...] Die Verhängung der Todesstrafe wurde entschieden eingeschränkt, sie durfte auch nicht mehr öffentlich vollzogen werden. [...] Vermögenskonfiskation, Deportation, Pranger und Landesverweisung wurden [...] aus dem neuen Strafgesetzbuch verbannt, „körperliche Quälereien" ausdrücklich untersagt. [...]

Und schließlich [...] blieben seit 1848/49 alle deutschen Staaten – mit Ausnahme der Donaumonarchie von 1851 bis 1861 – Verfassungsstaaten. [...] Insofern sind mit der von der Revolution bewirkten allgemeinen Durchsetzung des konstitutionellen Fürstenstaats die Weichen im Prinzip zugunsten der Parlamentarisierung der deutschen Staaten gestellt worden. [...]

[Zu den mittelbaren Erfolgen der Paulskirche muss man rechnen], dass die Reichsverfassung von 1849 zusammen mit dem Reichswahlgesetz einen Fundus von Verfassungsmaximen, Grundrechten und weitschauenden politischen Entscheidungen enthielt, auf den die deutsche Politik ein Jahrhundert lang immer wieder zurückgreifen konnte. [...] Hier und da wurde das alte adlige Privilegienwesen wieder aufgewertet, aber ein als eigene Rechtsklasse definierter Adelsstand kehrte nicht zurück. Liberale Freiheitsrechte wurden während der schikanösen Reaktionsjahre nach 1849 eklatant missachtet, aber die Zensur blieb aufgehoben. Politische Teilhaberechte wurden durch Zensusbestimmungen im Wahlrecht antiegalitär gestaffelt, aber die Fortführung der Judenemanzipation, die z. B. in Preußen dazu geführt hatte, dass schon am 6. April 1848 alle staatsbürgerlichen Rechte endlich auch den Juden gewährt worden waren, wurde nicht rückgängig gemacht, obwohl die praktische Diskriminierung im Staatsdienst wie im Alltagsleben in allmählich abgeschwächter Form weiter anhielt.

Vergegenwärtigt man sich diese direkten und indirekten Nachwirkungen der Revolution, tritt die krasse Einseitigkeit der allzu glatten Formel von ihrem Scheitern klar zutage. Besiegt worden ist die Revolution ohne Frage, ihre Maximalziele hat sie nicht erreicht. Trotzdem hat sie mittelbar imponierende Erfolge erzielt, welche Politik und Gesellschaft nach 1850 umgestaltet, ja manchmal von Grund auf verändert haben.

Hans-Ulrich Wehler: Deutsche Gesellschaftsgeschichte 1815-1845/49, München 1987, S. 776 ff.

---

[1] Patrimonialgerichte waren in Preußen und anderen Teilen des damaligen Deutschlands die Gerichte der adligen Grundherren, die jeweils eine eigene Gerichtsbarkeit hatten. Die Gerichtsbarkeit war an den Besitz eines Gutes (patrimonium) gebunden. Der Grundherr war damit Gerichtsherr. Zur Durchsetzung seiner Rechte bediente er sich jedoch meist eines juristisch gebildeten Gerichtsdirektors.

31 Bilanz der Märzrevolution

1848/49
Deutsche Revolution

Negative Folgen

- Scheitern und Resignation der liberalen und nationalen Bewegung
- Keine deutsche Einigung
- Fortbestehen der Kleinstaaterei
- Keine demokratische Ordnung
- Sieg der Reaktion und der Fürsten
- Viele Revolutionäre wurden getötet, resignierten oder flohen ins Ausland

Positive Folgen

- Abschluss der Agrarreformen
- Aufhebung der Patrimonialgerichte, Einführung von Geschworenengerichten, Reform des Strafrechts
- Aufhebung des adligen Jagdrechts
- Aufhebung der Zensur
- Adlige verlieren allmählich an Macht – Schwächung feudaler Strukturen
- Anfänge der Parlamentarisierung, Formierung von politischen Parteien, Wahlrecht,
- Anfänge staatlicher Sozialpolitik
- Gewisse Judenemanzipation
- Politisierung bislang unpolitischer sozialer Gruppen

Trotz Scheiterns der Revolution und erneuter Reaktionszeit auch langfristige positive Folgen:

- Ausarbeitung von zukunftsweisenden politischen Modellen durch die Paulskirche
- Weichenstellung für einen liberalen Verfassungsstaat
- Spätere deutsche Einigung vollzieht sich in den Bahnen, die die Paulskirche vorgezeichnet hat

32 Bevölkerungsexplosion im 18. und 19. Jahrhundert – Ursachen und Folgen

Der italienische Demograph Massimo Livi Bacci (1995):

Zwischen 1800 und 1914 steigt die Bevölkerungszahl [in Europa] von 188 auf 458 Millionen Menschen und erhöht sich damit fast um das Zweieinhalbfache. Alt zu werden ist jetzt nicht mehr ein Privileg Weniger, sondern das glückliche Los der Mehrheit. Schwangerschaft, Wochenbett und Stillzeit bestimmen nicht mehr mit der alten Unerbittlichkeit den Lebensweg einer Frau in der Zeit ihrer Reproduktionsfähigkeit. Die Auswanderung ist nicht mehr ein Einzel-, sondern ein Massenphänomen, und Europa leistet mit zigmillionen Menschen einen Beitrag zur Besiedlung alter und neuer Territorien. Dieser Wandel hat auf das demographische System ebenso tiefgreifende Auswirkungen wie die industrielle Revolution auf die Produktion von Reichtümern oder die Französische Revolution auf die politische Umgestaltung. Alle diese Veränderungen wirken im Wandlungsprozess der europäischen Gesellschaften eng zusammen. [...]

Der zweite grundlegende Aspekt ist der Übergang von einer Agrargesellschaft zu einer sozialen Organisation, in der die Landwirtschaft einen wichtigen, für Einkommensbildung und Arbeitsorganisation jedoch zweitrangigen Sektor darstellt und in der die ländlichen Lebensgewohnheiten im Rückzug begriffen sind. Dieser grundlegende Wandel ist aus mehreren Gründen für die Bevölkerungsentwicklung bedeutsam. Erstens: Die Produktivitätssteigerung, die teilweise schon vor der industriellen Revolution einsetzte, führte zu einer sukzessiven Abschwächung der Versorgungskrisen. Zweitens: Die mangelnde Verfügbarkeit von Land angesichts rasch wachsender ländlicher Bevölkerungen und steigender Produktivität führte zu großen Bevölkerungsbewegungen in die Städte und zur Auswanderung. Drittens: Mit der Auswanderung wurde in Übersee (und jenseits des Ural) neues Land erschlossen, und damit wuchs die Bedeutung des Nahrungsmittelaustausches. Viertens: Mit der größeren Verfügbarkeit und Vielfalt von Lebensmitteln aufgrund steigender Einkommen verbessert sich der Ernährungsstandard. Und fünftens schließlich führte der Rückgang der auf dem Land lebenden Bevölkerungen und das Verschwinden der ländlichen Kultur zu rascheren Veränderungen im demographischen Verhalten (man denke beispielsweise an die Geburtenkontrolle oder an die Kinderpflege). [...]

Die Lebenserwartung bei Geburt belegt den Fortschritt einiger europäischer Länder bereits vor Mitte des 19. Jahrhunderts. In anderen Ländern (Italien, Spanien und Deutschland) vollzieht sich der entscheidende Schub erst in der zweiten Jahrhunderthälfte, während Russland weiterhin extrem rückständig bleibt. Zwischen Anfang des 19. Jahrhunderts und Anfang des 20. Jahrhunderts steigt die Lebenserwartung fast überall um 15-20 Jahre.

Bevölkerung der größten europäischen Länder (Angaben gerundet in Mio.)

	1800	**1850**	**1870**	**1900**
Vereinigtes Königreich	11	21	26	37
Deutschland	24	35	41	56
Russland	39	60	73	110
Österreich-Ungarn	24	33	37	47
Frankreich	27	35	37	39
Italien	18	24	27	32
Spanien	11	15	16,5	19

Massimo Livi Bacci: Europa und seine Menschen. Eine Bevölkerungsgeschichte. München 1999, S. 165, 169, 174 (Übers.: Rita Seuß)

32 Ursachen und Folgen der Bevölkerungsexplosion

33 Auswanderung im 19. Jahrhundert

Amerika-Auswanderung

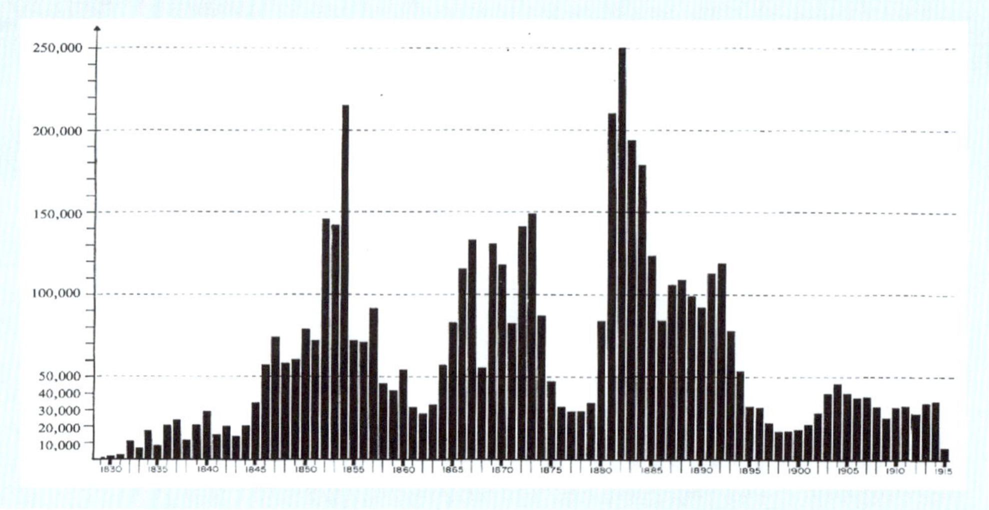

Aus: Wolfgang J. Helbich: „Alle Menschen sind dort gleich ...". Die deutsche Amerika-Auswanderung im 19. und 20. Jahrhundert, Düsseldort 1988, S. 20

Auszug aus einem Bericht an das nassauische Herzogliche Staatsministerium vom 20. März 1817:

Das Gesuch unserer Unterthanen aus den Ämtern Marienberg, Renneroth [Rennerod] und Hachenburg um Erlaubnis zur Auswanderung nach Nordamerika betr.

Eine von den Folgen der in verschiedenen Gegenden des Herzogtums im vorigen Jahre mißrathenen Erndte ist die bei unseren Unterthanen des Westerwalds namentlich der Ämter Hachenburg, Renneroth und Marienberg seit kurzem geäußerte Vorliebe zur Auswanderung nach Amerika.

Es ist leicht zu erwägen, daß in einer Gegend, wo das rauhe Klima und ein undankbarer Boden auch selbst die fleißige Betriebsamkeit nur mit geringen Zinsen lohnt, wenig Fesselndes für den Bewohner hat. Gesellen sich nun hierzu noch Unglücksfälle, Kriegsdrangsale und Schulden, so verläßt ihn der Muth und die Hoffnung, sich je wieder aufrichten zu können, und ihr Wunsch, anderwärts ein Glück zu suchen, das ihm in seiner Heimath nur dürftig zu Theil wurde, wird natürlich in ihm rege. Dieses bewog daher auch schon, wie die älteren Akten ausweisen, von jeher die Bewohner der Ämter Marienberg und Renneroth zur Auswanderung nach Amerika – manche davon fanden auch wirklich daselbst ein glückliches Loos, welches ebenfalls zu erringen die zurückgelassenen Verwandten nun zu gleichem Entschluß bestimmt.

Schon hierin Hindernisse in den Weg zu legen, halten Wir weder in staatswirtschaftlicher Hinsicht für zweckmäßig noch in polizeilicher Hinsicht für räthlich, sondern mögte dieser Hang nach dem Beispiele anderer Staaten, namentlich von Baden, von wo noch vor kurzem eine ganze Familie durch Renneroth mit Reisegeld und Pässen versehen durchzog, und von ihrem Gouvernement selbst dazu aufgefordert worden zu sein vorgab, unserer Ansicht nach vorzüglich für die Bewohner des Westerwalds eher zu begünstigen als zu erschweren sein.

Die meisten, welche auswandern wollen, besitzen entweder gar kein oder doch nur ein geringes oft noch verschuldetes Vermögen. Vielen fehlt es auch, wie die amtlichen Berichte durchgängig ausweisen, an Fleiß und gutem Willen, durch angestrengte Kraft und Tätigkeit ihr Hauswesen wieder in die Höhe zu bringen. Der Staat verliert daher an solchen Unterthanen nicht, sondern gewinnt vielmehr durch ihre Entfernung, indem sich dadurch die Klasse der Armen und Müßiggänger mindert, der Zustand des zurückbleibenden bemittelten Bürgers aber dagegen sich durch die Akquisition jener bisher an viele Besitzer vertheilten Güter merklich hebt. Sollten aber auf über kurz oder lang einige dieser Familien wieder zurückkommen, so erwächst dadurch für den Staat keine neue Last, indem er auch schon jetzt für ihren Lebensunterhalt sorgen mußte. [...]

Hessisches Hauptstaatsarchiv Wiesbaden 211/8001

33 Ursachen der Massenauswanderung in die USA im 19. Jahrhundert

Push-Faktoren in Deutschland:

- Bauernbefreiung
- Kriegserfahrungen
- Bevölkerungsexplosion
- Pauperismus – Überschuldung
- Missernten
- Hoffnungslosigkeit
- Hilfesuchende werden von Regierung abschätzig behandelt
- Politische Verfolgung nach Märzrevolution 1848
- Wirtschaftskrisen

↓

↓

Pull-Faktoren in den USA:

- Politische und religiöse Freiheit
- Möglichkeit von Landwerwerb
- Hoffnung auf Neuanfang
- Erfolgsberichte von Auswanderern
- Berichte von Goldfunden
- USA: Land der unbegrenzten Möglichkeiten und Aufstiegschancen, der freien Entfaltung des Tüchtigen
- Höhere Mobilität und Freizügigkeit

34 Industrialisierung, Dampfmaschine und Fabrikzeitalter – Harkort gründet eine Fabrik

Der Historiker Wolfgang Ruppert über die Anfänge der Industrialisierung in Deutschland am Beispiel Friedrich Harkorts (1793-1880), eines Unternehmers und Politikers (1983):

[Harkorts] erstes Produktionsprogramm [...] zeigt uns, dass er zu diesem Zeitpunkt die räumlichen Bedürfnisse [seiner Fabrik] als noch nicht sehr umfangreich eingeschätzt haben mag. Denn dieses Programm ist noch undifferenziert auf Maschinen jeder Art gerichtet, denen lediglich gemeinsam ist, dass Maschinen und Geräte technologisch neu und „modern" sind: [Harkort:] „Das Unternehmen ist hauptsächlich darauf berechnet, erstens um Dampfmaschinen jeder Art und um Gasleuchtungsapparate von allen Größen zu liefern, zweitens jede verlangte nützliche Maschine anzufertigen, deren Plan entweder schon in meinen Händen oder in richtiger Zeichnung mir vorgelegt wird." Harkort übernahm selbst die kaufmännische Leitung dieser Fabrik. Es erwies sich zunächst als schwierig, Fachkräfte zu finden, die den modernen Stand der Eisengießerei beherrschten. Auf einer eigens unternommenen Reise nach England gelang es ihm, einen Ingenieur und einen Gießermeister für seine „Werkstätte" zu engagieren, die somit in ihrer Person das technologische „Know how" mitbrachten. Diese sollten, wie er seinen potentiellen Kunden versicherte, zudem die deutschen Arbeiter unterrichten, so daß die Qualität der Maschinen den damals führenden englischen vergleichbar wurde. Zu diesem Zeitpunkt war es für die ersten deutschen Maschinenbauer immer noch ein Problem, die überlegenen englischen Maschinen überhaupt kennenzulernen, da die englische Regierung für diese bis 1842 ein Exportverbot aufrechterhielt, mit der Absicht, mit einem Maschinenmonopol den Vorsprung der englischen Industrie zu schützen und zu sichern. Systematisch betriebene Umgehung des Verbots durch preußische Maschinenbauer ermöglichte es jedoch, an herausgeschmuggelten englischen Dampfmaschinen zu lernen und diese nachzubauen. An den englischen Vorbildern schulten sich auch die Techniker der Harkortschen Fabrik: 1820 konnten die ersten Dampfmaschinen nach dem System Boulton (Balanciermaschine) an Firmen in Westdeutschland ausgeliefert werden. Ein Jahr später, 1821, wurden bereits sechzehn verschiedene Größen von Dampfmaschinen angeboten. Die Interessenten hierfür kamen großteils aus dem Bergbau. In diesen Jahren begann im westdeutschen Revier der Übergang vom Tag- zum Tiefbau, wofür dampfmaschinengetriebene Pumpen für die Entwässerungsanlagen eine der wichtigsten Voraussetzungen waren. [...]

Das Produktionsprogramm dieser Fabrik überrascht. Es war noch sehr breit angelegt, denn einen bestimmbaren, und vor allem kalkulierbaren Markt für Maschinenbau gab es in Deutschland in den zwanziger Jahren noch nicht. Er entwickelte sich erst im Verlauf der nächsten Jahrzehnte: Neben Dampfmaschinen und Textilmaschinen wurden Zahnräder, Grabkreuze, Treppengeländer, Öfen, Bügeleisen gegossen. Eine Schlüsselfrage für die Güte dieser gusseisernen Waren blieb naturgemäß die Qualität des Eisens. Daher versuchte Harkort mit dem Ankauf eines eigenen Erzbergwerks, seit 1826 mit eigenem Hochofen, Puddel[1]- und Walzwerk, diese Arbeitsgänge selbst zu betreiben und damit auch ihre Qualität zu kontrollieren. Dies entsprach bereits den späteren Organisationsformen der Schwerindustrie, die Eisengewinnung und Verhüttung bis zum Fertigprodukt zu vereinen suchten. [...]

Im Unterschied zu den beiden, auf Handarbeit beruhenden Organisationsformen [des Handwerks und] der Manufaktur, bestand die historisch entscheidende Neuerung der Fabrik im systematischen Einsatz von Maschinen: Kraftmaschinen zum Antrieb und Arbeitsmaschinen werden im Arbeitsablauf aufeinander bezogen, miteinander koordiniert. Charakteristisch für die industrielle Arbeit in der Fabrik ist es, dass die Arbeiter, die Angestellten und die Direktoren an diesem Zentralort zusammenkommen. Ihre Zusammenarbeit in der Fabrik beruht auf einer klaren Definition der jeweiligen Funktionen und Verantwortlichkeiten, die die am Arbeitsprozess (beispielsweise beim Bau einer Dampfmaschine) beteiligten Personen zueinander einnehmen.

Wolfgang Ruppert: Die Fabrik. Geschichte von Arbeit und Industrialisierung in Deutschland. München 1983, S. 12 f, 19

[1] Teil eines Stahlwerks, in dem das Eisen aus dem Erz herausgeschmolzen wird.

34 Technologische Folgen des Dampfmaschinenbaus

Der Bau von Dampfmaschinen setzt die Eisenproduktion und damit die Förderung von Kohle und Eisenerz voraus

Maschinenfabrik, die u.a. Dampfmaschinen herstellt, braucht Arbeitskräfte und Stahl

Hochöfen zur Stahlproduktion werden benötigt; sie brauchen Erze und Kohle

Bergwerke (Kohle und Erz) gehen vom Tag- zum Tiefbau über, benötigen Pumpen und dafür Dampfmaschinen

Vielfältigste Einsatzformen der Dampfmaschinen, u.a.:

- als Pumpen zur Bergwerksentwässerung
- als Antriebsmaschine vor allem in der Textilindustrie
- bei der Dampfschifffahrt
- als Dampflokomotive
- als Dampfpflug in der Landwirtschaft

Ohne die Dampfmaschine wäre die Industrielle Revolution nicht möglich gewesen

35 Eisenbahnbau im 19. Jahrhundert

Aus einem Frauenleben (um 1860):

Katharina Weidenauer, geboren 1834 in Kufstetten, Bayern.

Sie findet in ihrer Heimat keine Arbeit, sie besitzt kein Vermögen und verfügt über keinerlei Einkünfte. [...] Seit 1852 lebt sie in nicht-ehelicher Verbindung mit dem acht Jahre älteren arbeitslosen Strumpfwebergesellen Kilian Schalk aus Markterlbach. Das Paar zieht zusammen umher, immer dahin, wo es Verdienstmöglichkeiten gibt. Da sie nach geltendem Recht „im Konkubinat" leben, können sie offiziell nicht zusammen wohnen. [...] 1856 kommt eine Tochter zur Welt, die das Wanderleben der Mutter teilt. 1860 wird in München ein weiteres Kind geboren, das aber gleich nach der Geburt stirbt; Katharina Weidenauer verlässt München und wandert mit ihrem Lebensgefährten nach Würzburg. Dort erhält sie von den Behörden die Auflage, mit ihrer nun knapp vierjährigen Tochter nach Kufstetten zurückzukehren. Stattdessen folgt sie Kilian Schalk nach Württemberg in den Oberamtsbezirk Hall, wo beide hoffen, beim Eisenbahnbau Arbeit zu finden. Die Tochter soll derweil in Tagespflege gegeben werden. In Hall kommt das Paar wieder mit den Behörden in Konflikt – vermutlich wegen des Verdachts der Unzucht. Um Schwierigkeiten mit den Behörden zu vermeiden, bleibt die nun sechsundzwanzigjährige Katharina Weidenauer mit ihrer Tochter allein in Hall zurück. Sie arbeitet beim Eisenbahnbau. Ihr Lebensgefährte dagegen verlässt die Stadt.

Aus einem Männerleben (um 1860):

Jakob Siegle, geboren in Althütte bei Welzheim, Geburtsjahr unbekannt, von Beruf Steinhauer.

Der Eisenbahnbau im Raum Hall bietet dem Steinhauer Siegle einen längerfristigen sicheren Arbeitsplatz. Er kommt mit Frau und Kindern in die Stadt Hall. Der Lohn beim Eisenbahnbau reicht nicht, um die Familie zu unterhalten: Jakob Siegle nimmt Geld auf beim Bäcker, beim Schuhmacher, beim Schneider und beim Weber. Schließlich hat er fast sechzig Gulden Verbindlichkeiten. Jakob Siegle kann seine Schulden nicht bezahlen. Er wird von den Gläubigern angezeigt. 1865 zieht er mit seiner Familie nach Vellberg, wo er bei der Bauhütte in der Nähe von Talheim wieder Arbeit beim Eisenbahnbau bekommt. Im Umkreis von Hall sind die Bauarbeiten bereits beendet. Der Lohn ist nun noch knapper: Die Oberamtsbehörden in Hall haben sich mit Siegles Arbeitgebern [...] verständigt: Ein Drittel seines Lohnes wird Woche für Woche gepfändet, um die Gläubiger zu befriedigen. 1866 ist er endlich schuldenfrei.

Beide Quellen aus: Regina Bormann: Arbeiterinnen und Arbeiter beim Eisenbahnbau in Schwäbisch Hall. Tübingen/Stuttgart 1994, S. 9f.

Die Historikerin Regina Bormann über den Eisenbahnbau im 19. Jahrhundert (1994):

Im Gegensatz zu England, dem Ursprungsland des Eisenbahnwesens, wo die voranschreitende Industrialisierung den Eisenbahnbau bedingte und forcierte, fand in Deutschland die eigentliche industrielle Revolution eher als Folge des Eisenbahnbaus statt. In den deutschen Staaten war das Interesse an der neuen Entwicklung aufgrund der unterschiedlichen politisch-ökonomischen Konstellation noch vergleichsweise gering. Erst im Jahr 1835 wurde zwischen Nürnberg und Fürth die erste Eisenbahnstrecke auf deutschem Boden eröffnet. In den Jahren danach ging der Streckenausbau noch zögernd voran: 1840 umfassten die deutschen Bahnstrecken erst eine Länge von etwa 500 Kilometern. 1845 hatte das Streckennetz jedoch bereits eine Ausdehnung von 2300 Kilometern, bis zum Jahr 1870 waren es dann 20 000 Kilometer. [...]

Vor allem die Montan- und Maschinenbauindustrie erfuhr durch den Eisenbahnbau ab der Jahrhundertmitte einen enormen Aufschwung. Viele Werke entstanden längs der neuen Bahnstrecken. [...]

Generell wurde das kapitalistische Wirtschaftssystem durch den Eisenbahnbau entscheidend befördert, nicht zuletzt durch seinen Einfluss auf das Bankwesen, denn erstmals warf ein Wirtschaftsprojekt Gewinne in riesiger Höhe ab. In den meisten deutschen Ländern war der Eisenbahnbau die erste große Leistung privaten Kapitals, wobei der Einfluss des Staates oft hemmend war, wie beispielsweise in Preußen. Nur wenige Länder – wie Württemberg, Baden oder Braunschweig – favorisierten von Anfang an das Staatsbahnprinzip. Der Eisenbahnbau bewirkte jedoch auch die völlige Umwälzung aller bisherigen Vorstellungen von Zeit und Raum und bereitete den Boden für das nunmehr geforderte industrialisierte Bewusstsein.

Regina Bormann: Arbeiterinnen und Arbeiter beim Eisenbahnbau in Schwäbisch Hall. Tübingen/Stuttgart 1994, S. 27-29

35 Die Eisenbahn – Motor der Industrialisierung

Voraussetzungen

Technik:
Eisenbahn als Kombination von Dampfmaschine und Schienenweg

Bau des Schienenwegs:
- Meist durch Wanderarbeiter (Männer und Frauen)
- Oft verbunden mit familiären, sozialen und finanziellen Problemen

Modell:
England – Eisenbahnbau als Folge der Industrialisierung

Deutschland:
Ausbau des Eisenbahnnetzes (verstärkt nach 1850) treibt Industrialisierung voran (als „Schrittmacherindustrie")

Schafft billige Transportmöglichkeiten, vor allem für industrielle Güter

Fördert die Entstehung der Schwerindustrie (Kohle, Eisen, Stahl, Maschinenbau)

Ist Triebfeder für das Bankwesen (als Geldgeber und Profiteur des Eisenbahnbaus)

- Führt zur Revolutionierung des Transportwesens
- Ermöglicht eine neue, bisher nicht gekannte Mobilität
- Bereitet den Boden für ein „industrialisiertes" Bewusstsein

36 Kinderarbeit

Friedrich Engels (1820-1895) war ein deutscher Politiker, Unternehmer, Philosoph und Historiker. Er entwickelte gemeinsam mit Karl Marx die heute als Marxismus bezeichnete revolutionäre sozialistische Gesellschaftstheorie.

Über die Arbeits- und Lebensverhältnisse im England des frühen 19. Jahrhundert schrieb Engels (1845):

In den Kohlen- und Eisenbergwerken, die ungefähr auf gleiche Weise ausgebeutet werden, arbeiten Kinder von 4, 5, 7 Jahren; die meisten sind indes über 8 Jahre alt. Sie werden gebraucht, um das losgebrochene Material von der Bruchstelle nach dem Pferdeweg oder dem Hauptschacht zu transportieren und um die Zugtüren, welche die verschiedenen Abteilungen des Bergwerks trennen, bei der Passage von Arbeitern und Material zu öffnen und wieder zu schließen. Zur Beaufsichtigung dieser Türen werden meist die kleinsten Kinder gebraucht, die auf diese Weise 12 Stunden täglich im Dunkeln einsam in einem engen, meist feuchten Gange sitzen müssen, ohne selbst auch nur so viel Arbeit zu haben, als nötig wäre, sie vor der verdummenden, vertierenden Langeweile des Nichtstuns zu schützen. Der Transport der Kohlen und des Eisensteins dagegen ist eine sehr harte Arbeit, da dies Material in ziemlich großen Kufen ohne Räder über den holprigen Boden der Stollen fortgeschleift werden muß, oft über feuchten Lehm oder durch Wasser, oft steile Abhänge hinauf, und durch Gänge, die zuweilen so eng sind, daß die Arbeiter auf Händen und Füßen kriechen müssen. Zu dieser anstrengenden Arbeit werden daher ältere Kinder und heranwachsende Mädchen genommen. Je nach den Umständen kommt entweder ein Arbeiter auf die Kufe oder zwei jüngere, von denen einer zieht und der andere schiebt. Das Loshauen, das von erwachsenen Männern oder starken jungen Burschen von 16 Jahren und drüber geschieht, ist ebenfalls eine sehr ermüdende Arbeit. – Die gewöhnliche Arbeitszeit ist 11 bis 12 Stunden, oft länger, in Schottland bis zu 14 Stunden, und sehr häufig wird doppelte Zeit gearbeitet, so daß sämtliche Arbeiter 24, ja nicht selten 36 Stunden hintereinander unter der Erde und in Tätigkeit sind. Feste Stunden für Mahlzeiten sind meist unbekannt, so daß die Leute essen, wenn sie Hunger und Zeit haben. [...]

Die Kinder und jungen Leute, welche mit dem Schleppen der Kohlen und des Eisensteins beschäftigt sind, klagen allgemein über große Müdigkeit. Selbst in den am rücksichtslosesten betriebenen industriellen Etablissements finden wir eine so allgemeine und so sehr aufs äußerste getriebene Abspannung nicht. [...] Es kommt jeden Augenblick vor, daß die Kinder, sowie sie nach Hause kommen, sich auf den steinernen Fußboden vor dem Herde werfen und sogleich einschlafen, daß sie keinen Bissen Nahrung mehr zu sich nehmen können und im Schlaf von den Eltern gewaschen und zu Bette gebracht werden müssen, ja daß sie unterwegs sich vor Müdigkeit hinwerfen und tief in der Nacht von ihren Eltern dort aufgesucht und schlafend gefunden werden.

Friedrich Engels: Die Lage der arbeitenden Klasse in England, Berlin 1974 (Erstaufl. 1845), S. 312 f.

Stellungnahme der Glasfabrik Schierbach zur Notwendigkeit von Kinderarbeit (1851):

Die Verwendung unconfirmierter Kinder (zum Eintragen des fertigen Glases in den Kühlofen) ist für jede Glasfabrik eine Nothwendigkeit, doch sind diese Arbeiten so sehr leicht, daß das Kind weder an Leib noch an Seele Schaden dabei nehmen könnte. Die ganze Arbeitszeit eines Kindes dauert auch höchstens nur 48 Stunden in der Woche. Will der Sohn des Glasmachers auch Glasmacher werden (und nur höchst selten wird er etwas anderes) so muß er von früher Jugend auf sich so vor und nach die practischen Handgriffe aneignen – hat er das bis zu seinem 14ten Jahre nicht gethan, hat er nicht von der Picke auf gedient, fehlen ihm, wenn er in die Lehre treten soll, die nöthigen mechanischen Fertigkeiten, die sich der Knabe als Einträger spielend erwirbt, so taugt er zum Glasmacher nicht mehr, und kein Fabrikant wird ihn in die Lehre nehmen können. [...]

[Außerdem würden die Glasmacher es als Privileg betrachten, daß ihre Kinder mit zur Arbeit kommen. Sollten diese Kinder nicht aufgenommen werden, so könnten sie die Fabrik gleich aufgeben, weil dann kein Arbeiter mehr kommen wird.] „Wie oft müssen nicht schulpflichtige Kinder, denen der Vater starb, auf Glasfabriken die Ernährer der Mutter sein."

Niedersächsisches Staatsarchiv Bückeburg L3 Cc20b

36 Kinderarbeit – der Pauperismus in der Zeit des Frühkapitalismus und der Industriellen Revolution

Folgen für die Kinder:

- Kinder ohne Kindheit und Jugend
- Kaum Chancen auf schulische oder Berufsausbildung
- Hohe gesundheitliche Risiken, frühe Invalidität
- Psychische und körperliche Verwahrlosung
- Kinder sind später ungeeignet für die Armee – auch daher gesetzliche Einschränkungen der Kinderarbeit

↓

Gesetzliche Maßnahmen zur Einschränkung von Kinderarbeit:

- Erste Einschränkung in Preußen 1839: Mindestalter neun Jahre, maximale Arbeitszeit von 10 Stunden pro Tag, Verbot der Nacht-, Sonn- und Feiertagsschichten für Kinder.
- Die Gewerbeordnung des Norddeutschen Bundes (1869) verbot Kinderarbeit unter 14 Jahren, legte den 10-Stunden-Tag fest.
- Das Kinderschutzgesetz des Deutschen Kaiserreichs (1903) verbot Arbeit der unter 12-Jährigen im Handel und der unter 14-Jährigen in Industrie und Gewerbe, nicht jedoch in Land- und Forstwirtschaft, sie wurde erst 1960 verboten.
- Das Kinderschutzgesetz von 1908 setzte die Arbeitszeit auf elf Stunden täglich herab. Aber viele Ausnahmen, etwa bei Heimarbeit.
- Die „körperliche Züchtigung" wurde in Schulen erst 1973 verboten.

↓

Kinderarbeit der Frühindustrialisierung steht beispielhaft für

- Brutale Ausbeutungspraktiken in dieser Phase des Kapitalismus
- Massenarmut
- Missachtung elementarer Kinderrechte
- Geringschätzung von schulischer Ausbildung
- Rechtlosigkeit der Arbeiter

37 Pauperismus und Urbanisierung

Aus einer sozialwissenschaftlichen Studie zu Aachen um 1880:

Erst in den 1860er Jahren erwachte [in Aachen] die Baulust, und nun entstanden rasch ganze Stadtviertel im Osten und Süden der Stadt. Es begannen die Wohlhabenden vom übrigen Volke sich zu trennen und in die Vorstädte zu ziehen, wo in den schönen dreistöckigen und dreifenstrigen Häusern nach belgisch-englischer Sitte meist eine Familie für sich wohnt. Die innere Stadt blieb den Krämern, Handwerkern, Arbeitern überlassen. [...]

Die Strassen sind hier [in der inneren Stadt] unregelmässig, aber breit, die Häuser neu, höchstens 20-30 Jahre alt; aber es sind bereits Speculationsbauten, die das Terrain möglichst auszunutzen streben. Die Höfe sind ganz unzugänglich. Treten wir ein in das Haus der Königsstrasse Nr. 1; dort hat der Hof die Form eines schmalen, lang gestreckten Rechtecks, welches unter rechtem Winkel zwei Mal ein Knie macht; die Breite mißt kaum zwei Schritt, und an der geräumigsten Stelle wird sie noch durch eine Mauer durchschnitten, da dieser Raum zwei Häusern als Hof dient. Nebenan ist die „Arche Noah", ein Zellenhaus in der Form eines weit in den Hinterhof sich erstreckenden Rechtecks mit zwei quadratischen Höfen von je vier Schritt, während zu allen Seiten die in der Strasse üblichen vier Stockwerke emporstarren, verziert durch die zum Trocknen herausgehängten zerlumpten Hemde, Hosen und andern nicht verpfändbaren Kleidungsstücke. Selbst in der jüngsten Zeit hat man nichts in dieser Beziehung gelernt; denn bei einigen ganz neuen Häusern am Kölnsteinweg ist das Verhältnis des Hofes zur bebauten Fläche 1:12, am Steffensplatz sogar 1:16,7; der Mangel einer Bauordnung tritt fühlbar zu Tage. Im Innern des Hauses bildet jede Zelle eine Arbeiterwohnung; sobald die Familie etwas zahlreich ist, erscheint die Stube überfüllt: ja es haben mir glaubwürdige Männer, deren Zeugnis durch keinerlei Sympathien für Arbeiter verdächtig erscheinen könnte, wiederholt versichert, dass bei der Volkszählung 1871 vielfach in einem Zimmer zwei Familien angetroffen worden sind, welche ihren Antheil an der Stube durch Kreidestriche abgetrennt hatten. [...]

In diesen Räumen, welches Elend! Hier eine Frau, welche sich einsam auf dem Schmerzenslager wälzt, während der Mann dem Erwerb in der Fabrik nachgehen muss; dort ein rheumatischer Greis, von Weib und Kind verlassen; je höher man steigt, desto grösser wird das Elend. Endlich auf der Dachkammer macht es Halt, hier kann es nicht mehr übertroffen werden: ein enger, quadratischer Raum von fünf Schritt im Durchmesser, so niedrig, dass der Hut fast die Decke berührt. [...] In diesem leeren Raum ohne Spur irgendeiner Behaglichkeit und eines Schmucks sitzt beim zappelnden Säugling eine abgehärmte Frau und sucht es zu stillen; lauter schreit das Kind, wieder reicht die Mutter ihm die Brust, und das Kind saugt und saugt; doch keine Nahrung entquillt derselben; immer unruhiger wird es, immer mehr magert es ab: die Mutter merkt nicht, dass das Kind an ihrer Brust – verhungert. Nachts bevölkert sich der Raum; der Mann, ein durch die Krisis arbeitslos gewordener Nadler, kehrt zurück von seinen vergeblichen Gängen um Beschäftigung; die sechs anderen Kinder kommen vom Spiele auf der Gasse und drängen sich um die wenigen „Erdäpfel" und das Brot, welches der Armenpfleger ins Haus gebracht hat. Dann werden die Strohsäcke unter dem Bette hervorgezogen, und bald wälzen sich die neun Personen im engen, dumpfen Raume. Kein Fenster zum Lüften ist da, nur oben im Dache eine Luke von 1 1/2 Fuss Länge und 1/2 Fuss Breite.

Alfons Thun: Die Industrie am Niederrhein und ihre Arbeiter, in: Staats- und sozialwissenschaftliche Forschungen, hrsg. von Gustav Schmoller, 2. Bd. Berlin 1879/80, S. 56 ff.

37 Pauperismus und Urbanisierung

- Um 1800 lebten noch 75% der Menschen auf dem Land
- Bevölkerungsexplosion, da Bauernbefreiung, Wegfall von Heiratsbeschränkungen, späteres Sterbealter, früheres Heiratsalter
- Landflucht (Suche nach Arbeit)

→ Auswanderung, vor allem in die USA, nach Rumänien und Russland

→

- Kleinstädte wachsen dramatisch, verschiedene Stadtteile entstehen für unterschiedliche soziale Schichten
- Hohe Mobilität der Bewohner
- Wohnungselend vor allem in den Quartieren der Arbeiterschaft, Wohnungselend in billigen Spekulationsbauten

→

Neue Probleme, mit denen die Städte zunächst überfordert sind, u.a.:

- Organisation der Armenfürsorge
- Epidemien- und Hygienevorsorge
- Kanalisation und Abfallentsorgung
- Verstärkung des Straßenbaus
- Entwicklung der Stadtplanung
- Finanzierung des Schulwesens
- Energieversorgung
- Öffentliche Sicherheit

38 Hochindustrialisierung

Der Chemiker und Industrielle Carl Duisberg (1861-1935) in einer internen Untersuchung (1904):

Der Zweck einer jeden Kapitals- und Betriebsvereinigung mehrerer industrieller Unternehmungen zu einer großen Körperschaft unter gemeinsamer Leitung sollte immer die weitgehendste Verminderung der Kosten für Produktion, Verwaltung und Verkauf, unter Beseitigung eines ruinösen Konkurrenzkampfes, behufs Erzielung eines möglichst hohen Gewinnes sein, um damit nicht nur bei möglichst guter Bezahlung der Beamten und Arbeiter [...] eine günstige Verzinsung der angelegten Kapitalien zu erzielen, sondern um vor allem [...] eine im Interesse der heimischen Verhältnisse liegende Beeinflussung des Weltmarktes auf dem betreffenden Gebiet herbeizuführen. Es ist naheliegend, daß ein Zusammenschluß vieler großer und kleiner Industriegesellschaften zu einer einzigen Betriebsvereinigung sich meist dann am leichtesten vollzieht, wenn die Geschäftslage in den in Betracht kommenden Industriezweigen ungünstig und der Nutzen auf ein Minimum gesunken ist. [...] Meiner Ansicht nach aber sollten Industriezweige, die ihrer Natur und Art nach die Vorteile des Zusammenschlusses sich besonders zu eigen machen können, nicht in schlechten, sondern in guten Tagen zu großen Verbänden sich vereinigen, weil sie dann ohne Erhöhung der Verkaufspreise für ihre Erzeugnisse, ja, wenn möglich sogar unter Herabsetzung derselben, durch ihren Zusammenschluß die bisher erzielten guten Erträgnisse für viele Jahre im voraus sich sichern können. Lassen nun die Verhältnisse in der Farbenindustrie Deutschlands schon heute eine Vereinigung als dauernd vorteilhaft erscheinen? Ich glaube, diese Frage mit „Ja“ beantworten zu müssen. Keine Industrie der Welt ist so umfassend in technischer und kaufmännischer Hinsicht, vereinigt wissenschaftliche, technische und kaufmännische Kräfte in einem solchen Maße wie die deutsche Farbenindustrie. Sie hat wissenschaftlich gut ausgebildete Chemiker, Ingenieure, Mediziner und Apotheker nötig, die in möglichst zweckmäßig eingerichteten Laboratorien und Werkstätten bemüht sein müssen, neue chemische Verbindungen [...] ausfindig zu machen, [...] neue Maschinen und Apparate zu konstruieren, um Fortschritt an Fortschritt zu reihen.

Carl Duisberg: Abhandlungen, Vorträge und Reden 1882-1921. Berlin, Leipzig 1923, S. 343f.

Hochindustrialisierung

Mit dem Durchbruch der Elektrotechnik begann um 1880 eine zweite Industrialisierungsphase. Die Elektrotechnik ermöglichte die Elektrifizierung des öffentlichen und privaten Raums, des Nahverkehrs, der Straßenbahnen. Etwa zeitgleich wurde das Glühlicht eingeführt. Fernsprecher ermöglichten eine raschere Kommunikation. Der „leise“ Elektromotor war der „lauten“ und klobigen Dampfmaschine in mehrfacher Hinsicht weit überlegen. Komplizierte und gefährliche Transmissionen wurden überflüssig. Die Massenproduktion von Gütern des privaten Bedarfs wurde ebenso ermöglicht wie die für die Kriegsführung. Nach der Mitte des 19. Jahrhunderts erlebten der Maschinenbau und die chemische Industrie einen Siegeszug ohnegleichen. Um 1900 stellten deutsche Firmen z.B. 90 Prozent der Weltproduktion an synthetischen Farben her. Eine große Rolle spielte ferner die Produktion von Kunstdünger, von pharmazeutischen Produkten, aber auch von Sprengstoffen. Seit 1885 war es nun grundsätzlich möglich, Operationen keimfrei durchzuführen. 1895 wurden die Röntgenstrahlen entdeckt und 1898 das Radium.

Diese naturwissenschaftlichen und technologischen Entwicklungen wären aber kaum möglich gewesen ohne den beispiellosen Ausbau des staatlichen Bildungssystems in der zweiten Hälfte des 19. Jahrhunderts. Der bürokratisierten, zunehmend in Kartellen organisierten Industrie stand nun ein ebenfalls sich rationalisierender und damit auch spezialisierender staatlicher Apparat gegenüber. Staatliche Aufgaben erschöpften sich dabei keineswegs allein in Kontrolle und Repression gegenüber den Untertanen, vor allem der Unterdrückung der gefürchteten sozialistischen Arbeiterbewegung. Der Staat griff vielmehr auch kontrollierend, reglementierend und organisierend in eine Fülle von Lebens- und Arbeitsbereichen ein.

Hartmann Wunderer

38 Hochindustrialisierung – die zweite Industrielle Revolution

Kennzeichen: technische Innovation; Konzentrationsprozesse (Großbetriebe, Syndikate, Kartelle, Interessengemeinschaften)

Sicht des Unternehmers (C. Duisberg)

Expansion/ Konzentration
Notwendig, da
- Kostensenkung
- Ausschaltung von Konkurrenz
- Gewinnsteigerung
- Stärkung der internationalen Wettbewerbsfähigkeit

Expansion/ Konzentration
Eher negativ bei schwieriger Geschäftslage

Positiv in wirtschaftlich günstigen Zeiten:
- Ermöglicht Preissenkungen
- Bündelt die Kräfte
- Erleichtert Forschung und Innovation

Beispiel Chemieindustrie: Gründung der IG Farben (1916/26: Vorsitzender C. Duisberg)

Merkmale der zweiten Industriellen Revolution

- Elektrifizierung: Neben die Dampfkraft tritt der Elektromotor
- Ausbau des Bildungssystems / stärkere Vernetzung von Wissenschaft und Produktion
- Neue Schrittmacherindustrien: Maschinenbau, Chemie, Elektro, auch Rüstung
- Staat greift mehr in die Wirtschaft ein (→ Interventionsstaat)

Um 1900 übernimmt Deutschland die wirtschaftliche Führungsrolle in Europa

39 Warum betreiben Unternehmen und Staat Sozialpolitik?

Zur Eröffnung des 5. Deutschen Reichstags am 17. November 1881 verlas Reichskanzler Fürst Otto von Bismarck einen Gesetzentwurf Kaiser Wilhelms I., der die deutsche Sozialgesetzgebung einleitete („Kaiserliche Botschaft"). Die politischen Motive, die den sozialstaatlichen Maßnahmen zugrunde lagen, gehen aus der Begründung dieses Gesetzentwurfs deutlich hervor:

Dass der Staat sich in höherem Maße als bisher seiner hilfsbedürftigen Mitglieder annehme, ist nicht bloß eine Pflicht der Humanität und des Christentums, von welchem die staatlichen Einrichtungen durchdrungen sein sollen, sondern auch eine Aufgabe staatserhaltender Politik, welche das Ziel zu verfolgen hat, auch in den besitzlosen Klassen der Bevölkerung, welche zugleich die zahlreichsten und am wenigsten unterrichteten sind, die Anschauung zu pflegen, dass der Staat nicht bloß eine notwendige, sondern auch eine wohltätige Einrichtung sei. Zu dem Ende müssen sie durch erkennbare direkte Vorteile, welche ihnen durch gesetzgeberische Maßregeln zuteil werden, dahin geführt werden, den Staat nicht als eine lediglich zum Schutz der besser situierten Klassen der Gesellschaft erfundene, sondern als eine auch ihren Bedürfnissen und Interessen dienende Institution aufzufassen.

Stenographische Berichte über die Verhandlungen des Reichstags. 4. Legislaturperiode, IV. Session, Bd. 3. Berlin 1881, S. 228

Auch manche Unternehmer erkannten, dass sozialpolitische Maßnahmen durchaus in ihrem Interesse liegen könnten. So begründete Werner von Siemens im Jahr 1872 die Einrichtung von Pensionskassen in einem Brief an den englischen Zweig der Firma:

Unsere Absicht war, durch die Stiftung [einer Pensionskasse] in der Lösung des berechtigten Teiles der sozialen Frage einen entscheidenden Schritt vorwärts zu machen und dieselbe in ihrem unvermeidlichen Fortgange dadurch wenigstens für uns ungefährlich zu machen. [...] Da sich bald kein Fabrikant in Deutschland dem Anschluss an diese [staatlichen] Kassen wird entziehen können, selbst wenn es ihm gesetzlich gestattet bleibt, so werden die Arbeiter dies als eine Wohltat des Staates und als einen Erfolg ihrer Agitation ansehen, die Kassen werden daher nicht ein neues Band zwischen Arbeitgeber und Arbeitnehmer bilden, und die Arbeiter werden wie bisher von einer Fabrik zur andern ziehen. Es ist aber – abgesehen selbst von Streiks und anderen Arbeitsstörungen – von höchster Wichtigkeit, einen festen Arbeiterstamm zu schaffen, und zwar um so mehr, je weiter die Arbeitsteilung und die Maschinenarbeit entwickelt wird. Dies soll nun wesentlich durch unsere Pensionskasse bewirkt werden. [...] Die Arbeiter rechnen sich infolgedessen schon jetzt aus, dass für jeden ca. 100 Taler Kapital vorhanden sind, die derjenige aufgibt, welcher fortgeht. Steht bei ihnen erst die Überzeugung unwandelbar fest, dass denen, die bei uns bleiben, die Sorge für ihr Alter und ihre Familie genommen ist, so werden sie dadurch fest an das Geschäft geknüpft, sie werden den Umsturztheorien der Sozialisten abhold, werden sich Streiks widersetzen und haben eigenes Interesse am Gedeihen des Geschäftes. Namentlich die Frauen werden in diesem Sinne auf sie einwirken.

Werner von Siemens: Briefe. Aus einem reichen Leben. Ausgewählt u. hrsg. v. F. Heintzenberg. Stuttgart 1953, S. 248ff.

39 Warum betreiben Unternehmen und Staat Sozialpolitik?

Sozialmaßnahmen wurden von Unternehmern eingeführt; später als manche Unternehmen hat der Staat des Kaiserreichs nach 1880 ebenfalls Sozialmaßnahmen in Form von Sozialgesetzen erlassen:

- Krankenversicherung (1883)
- Unfallversicherung (1884)
- Rentenversicherung (1889)
- Angestelltenversicherung (1911)

Einschätzung dieser Sozialgesetze:

- Sie waren im weltweiten Maßstab revolutionär
- Ihre Leistungen waren aber noch sehr gering
- Nur wenige Arbeiter profitierten davon

40 „Kulturkampf“

Bismarcks Rede im preußischen Herrenhaus (1873):

Es ist meines Erachtens eine Fälschung der Politik und der Geschichte, wenn man Seine Heiligkeit den Papst ganz ausschließlich als den Hohenpriester einer Konfession oder die katholische Kirche als Vertreter des Kirchentums überhaupt betrachtet. Das Papsttum ist eine politische Macht jederzeit gewesen, die mit der größten Entschiedenheit und dem größten Erfolge in die Verhältnisse dieser Welt eingegriffen hat, die diese Eingriffe erstrebt und zu ihrem Programm gemacht hat. [...] Dieser Machtstreit unterliegt denselben Bedingungen wie jeder andere politische Kampf, und es ist eine Verschiebung der Frage, die auf den Eindruck auf urteilslose Leute berechnet ist, wenn man sie darstellt, als ob es sich um Bedrückung der Kirche handelte. Es handelt sich um Verteidigung des Staates, es handelt sich um die Abgrenzung, wie weit die Priesterherrschaft und wie weit die Königsherrschaft gehen soll, und diese Abgrenzung muß so gefunden werden, daß der Staat seinerseits dabei bestehen kann. Denn in dem Reiche dieser Welt hat er das Regiment und den Vortritt.

Aus: Peter Brandt (Hrsg.): Preußen. Versuch einer Bilanz. Reinbek 1981, S. 157f.

Ausbruch und Verlauf des „Kulturkampfs“:

Seinen Höhepunkt erreichte der Konflikt zwischen dem preußischen Staat und dem Katholizismus indessen im „Kulturkampf“, der die Innenpolitik Preußens und des neu gegründeten Reiches in den 1870er Jahren schwer belastete [...] Dem vom Vatikanischen Konzil am 18. Juli 1870 verkündeten Dogma von der Unfehlbarkeit des Papstes stand die Forderung des Staates nach Unabhängigkeit von jedem geistlichen Einfluß gegenüber. In der zweiten Phase verschmolz diese Auseinandersetzung mit den Versuchen Bismarcks, die von ihm zu den „Reichsfeinden“ gezählte katholische Zentrumspartei zurückzudrängen, wenn nicht zu zerschlagen.

Der „Kulturkampf“ begann mit der Weigerung einer Gruppe katholischer Theologen, Religionslehrer und Feldgeistlicher, der „Altkatholiken“, sich dem Unfehlbarkeitsdogma des Vatikanischen Konzils unterzuordnen. Da sie auch staatliche Beamte waren, fühlte sich der Staat durch die von seiten des Episkopats erhobene Forderung, diese Altkatholiken zu entlassen, herausgefordert. Mit den 1874 verabschiedeten Strafgesetzen sollte der katholische Widerstand gegen die obligatorische Zivilehe, die Einrichtung der Standesämter, die staatliche Aufsicht über kirchliche Schulen und anderes mehr gebrochen werden. Auf Grund der Strafgesetze waren 1876 alle katholischen Bischöfe Preußens verhaftet oder ausgewiesen und fast ein Viertel der Priesterstellen unbesetzt.

Aus: Wanda Kampmann: Bismarck. Paderborn 1967, S. 82

Der Historiker Thomas Nipperdey über die Folgen des Kulturkampfes (1992):

Die wichtigste Folge, das ist oft genug gesagt worden, ist die innere Integration des katholischen Volksteils, die Bildung eines geschlossenen katholischen Milieus, die absolute Loyalität gegenüber der eben noch von der Vaticanum-Krise erschütterten Kirche, die Solidarität mit der einen katholischen Partei, dem Zentrum. [...] Zugleich verschärfte sich für die Katholiken die Erfahrung der Ausgrenzung und Isolierung, des Gegensatzes zu den anderen, sie waren die „Reichsfeinde“, ausgeschlossen aus der einen und wahren Nation. [...] Die Milieus bleiben lange, auch nach dem Ende des Kulturkampfes, wirksam, gegeneinander abgeschottet: „wir“ und „sie“. Das Volk zerfällt lange in zwei Nationen – wenn man von der dritten, der Sozialdemokratie, absieht. [...] Der Kulturkampf endet mit einem glatten Mißerfolg für den Staat wie für die Liberalen. Das Zentrum hatte sich behauptet und war stärker geworden, und die Kirche war nicht zu unterwerfen. [...] Die Stabilisierung der Zentrumspartei ist für die Geschichte der Parlamentarisierung in Deutschland eine Blockade und ein Unglück gewesen. Das Zentrum war eine permanente Minderheit, die zugleich Rechte wie Linke in Deutschland Minderheit bleiben ließ.

Thomas Nipperdey: Deutsche Geschichte 1866-1918, Bd. 2. München 1992, S. 380f.

40 Katholiken als „Reichsfeinde“ – der Kulturkampf

Ausgangslage und Motive

Katholische Kirche

Unfehlbarkeitsdogma des Papstes (1870)

➔ Spannungen innerhalb des deutschen Katholizismus

Preußischer Staat/Bismarck

- Sieht in der kath. Kirche machtpolitischen Gegner
- Will den Einfluss der Kirche zurückdrängen
- Weigert sich, „altkatholische“ Beamte (z.B. Lehrer, Professoren) zu entlassen

ESKALATION

- Verbot politischer Predigten („Kanzelparagraph“)
- Verbot des Jesuitenordens und aller nichtkaritativen Orden
- Staatliche Kontrolle über die Ausbildung der Geistlichen (z.B. „Kulturexamen“)
- Ausweisung/Verhaftung zahlreicher Geistlicher
- Zivilstandsgesetz (Geburten, Ehen, Todesfälle nun Angelegenheit der Standesämter)

Das Ende

Kurswechsel Bismarcks 1878: Abbruch des Kulturkampfes/Zusammenarbeit mit Zentrum (und Konservativen) wegen Schutzzollpolitik; Schulaufsicht und Ehe („Zivilehe“) bleiben in staatlicher Hand.

Die Folgen

- Entstehung und Festigung eines – weitgehend abgeschlossenen – katholischen Milieus
- Zerfall der Reichsbevölkerung in zwei „Nationen“ (evangelisch – katholisch)
- Etablierung und Stärkung der Zentrumspartei – mit negativen Folgen für den deutschen Parlamentarismus

41 Das Sozialistengesetz 1878

Der Historiker Peter Christian Witt über das Sozialistengesetz (1978):

Bismarcks Entschluß, die beiden Attentate auf Wilhelm I. im Mai und Juni 1878 zur Durchpeitschung eines Sozialistengesetzes zu nutzen und, als dies im ersten Anlauf nicht gelang, nach dem zweiten Attentat, den Reichstag aufzulösen und eine maßlose Demagogie zur Herstellung einer gefügigen Reichstagsmehrheit zu entfesseln, war daher zumindest im gleichen Maße wie gegen die Sozialdemokratie auch gegen die Liberalen gerichtet. Sie verloren in diesen Wahlen endgültig ihre beherrschende Stellung im Reichstag. [...]

Das am 18. Oktober 1878 mit den Stimmen der beiden konservativen Parteien und der Nationalliberalen angenommene Ausnahmegesetz stellte praktisch jede außerhalb des Parlaments stattfindende sozialdemokratische oder gewerkschaftliche Betätigung unter Strafe. [...]

Für die deutsche Sozialdemokratie bedeutete das Sozialistengesetz ebenfalls eine Wendemarke. Unter dem Druck der polizeilichen und gerichtlichen Verfolgungen und der fortdauernden sozialen Verfemung blieb der Sozialdemokratie kaum eine andere Möglichkeit, als den Fehdehandschuh der bürgerlichen Gesellschaft aufzunehmen und sich eine eigenständige, alle Lebensbereiche erfassende Organisationswelt, sich die Heimat selbst zu schaffen, die die herrschenden Schichten den „heimatlosen Gesellen", den „Volksfeinden" verweigerten. Ihren Aufstieg zur stärksten Partei vermochte das Sozialistengesetz nicht zu stoppen, wohl aber vermochte es durch die Verwandlung des Nationalstaats in einen Klassenstaat [...] die politische und soziale Reformfähigkeit des Deutschen Kaiserreichs erfolgreich zu blockieren und damit zugleich auch den Grundstein zum Zusammenbruch des Kaiserreichs zu legen.

Der frühere SPD-Vorsitzende und Bundeskanzler Willy Brandt (1913-1992) zu den Folgen des Sozialistengesetzes (1978):

Das Damoklesschwert des Staatsstreichs hing nicht nur 1890 über der SPD, als der abdankende alte Kanzler dem jungen Kaiser „Humanitätsduselei" vorwarf, sondern auch in den Jahren, die folgten. [...] Die Ächtung blieb; 1895 nannte der Kaiser die Sozialdemokraten „eine Rotte von Menschen, nicht wert, den Namen Deutscher zu tragen". Das war derselbe Monarch, der 1914 glauben machen wollte, er kenne keine Parteien mehr, sondern nur noch Deutsche.

Unmittelbar nach dem Fall des Ausnahmegesetzes gab sich die SPD eine programmatische Grundlage. Dieses Erfurter Programm ist vor dem von Godesberg das berühmteste in der Geschichte der Partei. Heute spricht man vom Erfurter Programm gelegentlich mit einem spöttischen Unterton. Man wundert sich über das seltsame Auseinanderfallen in einen theoretischen und einen praktischen, einen grundsätzlichen und einen pragmatisch-reformerischen Teil. Gerade dies aber war eines der Ergebnisse jenes unseligen Sondergesetzes. Was das Erfurter Programm widerspiegelt, ist die Zwitterstellung der Sozialdemokratie im kaiserlichen Deutschland – und die Unmöglichkeit, eine schlüssige Antwort zu finden. [...]

Die Sozialdemokratie also blieb weithin in dem Getto gefangen, das im Ausnahmegesetz seine zugespitzte Ausformung gefunden hatte. Sie wurde zum Staat im Staat und entwickelte ihre „Subkultur". Diejenigen unter uns, die während der Weimarer Republik aufwuchsen, könnten Zeugnis davon ablegen, wie sehr die durchgängigen und verästelten Strukturen den Übergang vom Kaiserreich bis zur braunen Gewaltherrschaft überlebten. Kein Wunder: Da die Arbeiter und ihre Familien vom offiziellen Deutschland ausgeschlossen waren und ihnen gesellschaftlicher Aufstieg durchweg verwehrt war, schufen sie sich ihr Ersatzvaterland. Vom sozialdemokratischen Kindersportverein bis zur sozialdemokratischen Beerdigungskasse. Und August Bebel wurde zu einer Art von Ersatzkaiser. [...] Symbolischer Ausdruck dieser Zwitterstellung: In vielen Arbeiterfamilien hingen Kaiser Wilhelm und der „Ersatzkaiser" Bebel nebeneinander über dem Sofa.

Beide Texte online bei der Friedrich-Ebert-Stiftung: Gedenkveranstaltung anlässlich der 100. Wiederkehr des Sozialistengesetzes am 11. Juni 1978 in der Frankfurter Paulskirche; http://library.fes.de/pdf-files/netzquelle/c95-01838.pdf (Zugriff: 23.12.2007)

41 Lassen sich politische Ideen verbieten? Das Sozialistengesetz (1878)

1863:
Gründung des ADAV[1]
(F. Lassalle; reformorientiert)

1869:
Gründung der SDAP[2] (A. Bebel, W. Liebknecht; marxistisch, revolutionär)

1875:
Vereinigung zur SAP[3]: Gothaer Programm
(„Befreiung der Arbeit“ als „Werk der Arbeiterklasse“)

1878:
Verbot durch das „Gesetz gegen die gemeingefährlichen Bestrebungen der Sozialdemokratie“

Anlass:
Zwei Attentate auf Kaiser Wilhelm (von Bismarck zu Unrecht den Sozialdemokraten angelastet)

Folgen:
Verbot der Parteiorganisation; Repression und Verfolgungen
➔ Verlagerung der Aktivitäten in den Untergrund; aber: sozialdemokratische Politiker bleiben wählbar (wg. Persönlichkeitswahlrecht)

Auswirkungen

Unmittelbar:
- SPD (nach der Aufhebung des Verbots 1890) wird stärker: 1890 größte Wählerzahl; 1912 stärkste Reichstagsfraktion
- 1891: Erfurter Programm (Zwiespalt zwischen revolutionärer Rhetorik und reformistischen Forderungen)

Langfristig:
- ➔ Verstärkt den Klassencharakter der wilhelminischen Gesellschaft
- ➔ Die in den Sozialgesetzen der 1880er Jahre sichtbar gewordene Reformbereitschaft schwindet
- ➔ SPD entwickelt Subkultur, wird „Staat im Staat“ (häufig mit doppelter Loyalität)

[1] Allgemeiner Deutscher Arbeiterverein
[2] Sozialdemokratische Arbeiterpartei
[3] Sozialistische Arbeiterpartei

42 Die Verfassung des Kaiserreichs

Paul Laband (1838-1918), einer der führenden Staatsrechtslehrer des Kaiserreiches, über die Verfassung von 1871 (1913):

Der Reichstag ist eine so radikal-demokratische Einrichtung, wie sie sich schwerlich in einem anderen Großstaate wiederfindet; denn infolge des allgemeinen gleichen Wahlrechts ist er vorzugsweise eine Vertretung der besitzlosen und ungebildeten Klassen, und ein nach anderen Grundsätzen gebildetes und andere Interessen zur Geltung bringendes Oberhaus steht ihm nicht zur Seite. [...] Die Macht des Reichstags ist eine sehr große. Er hat nicht nur das Recht der Mitwirkung an der Gesetzgebung und an der Festsetzung des Etats und eine umfassende Kontrolle der Reichsverwaltungen, sondern er beherrscht auch infolge des Systems der Matrikularbeiträge[1], welche nur in der vom Reichstage bewilligten Höhe erhoben werden dürfen, die gesamte Finanzwirtschaft des Reiches und mittelbar selbst die Einzelstaaten. Durch die Verlängerung der Legislaturperiode [von drei auf fünf Jahre, ab 1893] ist die Macht des Reichstages gesteigert worden, denn das Recht der Auflösung kann nur selten und nur unter besonders günstigen politischen Umständen mit Erfolg ausgeübt werden. Der Einfluss der großen Fraktionen und ihrer Führer auf die Regierung des Reiches ist daher ein stetig wachsender und muss schließlich zur Parlamentsherrschaft führen, wenn ihm nicht wirksame Schranken gezogen werden. Durch eine Abstimmung den Reichskanzler oder die Staatssekretäre der Reichsämter zu stürzen, ist der Reichstag freilich nicht in der Lage; diese Ämter werden bisher noch nicht von den Parteiführern, sondern vom Kaiser besetzt. Dies ist die Garantie einer unparteiischen, gesetzmäßigen Verwaltung.

Der Reichstag als die Vertretung des gesamten deutschen Volkes sollte nach der Absicht Bismarcks ein Gegengewicht gegen den Partikularismus der Regierungen der Bundesstaaten sein; dies ist – wenn auch nicht vollständig – erreicht worden [...].

Paul Laband: Staatsrecht; in: Die Kultur der Gegenwart, hrsg. von P. Hinneberg, T. 2, Abtlg. VIII, Leipzig/Berlin 1913, S. 347 f.

Der Historiker Gerhard A. Ritter über die Rolle des Reichstags (1999):

Insgesamt hat sich die Stellung des Reichstages im politischen System des Kaiserreiches zunehmend verstärkt. Er hatte während der gesamten Zeit einen wesentlichen Einfluß auf die immer detaillierter in das Wirtschafts- und Sozialleben eingreifende Gesetzgebung. Allerdings waren Initiativen des Reichstages auch in der Gesetzgebung nur dann erfolgreich, wenn sie die Zustimmung des Bundesrates als des Organs der verbündeten Regierungen fanden. [...] Warum ist es aber trotz des offensichtlichen Machtgewinns des Reichstages nicht zu einer Parlamentarisierung des Regierungssystems gekommen? Warum blieb eine effektive Mitwirkung des Reichstages bei der Ernennung von Kanzlern aus? Warum übernahm der Reichstag nicht die Verantwortung für die Gesamtpolitik, sondern regierte meist nur auf die von der Regierung vorgelegten Gesetzesvorlagen und Haushaltsentwürfe? Neben dem Interesse der deutschen Bundesstaaten, die zu Recht in der Bildung der Regierung durch eine Reichstagsmehrheit eine Reduzierung ihrer eigenen Kompetenzen sahen, war das Fehlen einer regierungsfähigen, an derartigen politischen Reformen orientierten parlamentarischen Mehrheit die wesentliche Ursache.

So ist es kennzeichnend, daß die Herbeiführung der für die Gesetzgebung notwendigen parlamentarischen Mehrheit immer wieder von der Regierung, nicht aber vom Parlament initiiert wurde. [...] Es kam hinzu, daß neben weltanschaulichen Differenzen besonders die enge Bindung der deutschen Parteien an spezifische „sozialmoralische Milieus“ (Lepsius) und den von diesen vertretenen wirtschaftlichen, sozialen und konfessionellen Interessen die Entwicklung der Parteien zu übergreifenden Volksparteien erschwerte, ihre Kompromißfähigkeit mit anderen Parteien behinderte und sie von der Aufgabe der Demokratisierung von Staat und Gesellschaft ablenkte.

Gerhard A. Ritter: Der Berliner Reichstag in der politischen Kultur der Kaiserzeit. Berlin 1999, S. 29-32 (edoc.hu-berlin.de/humboldt-vl/ovl102/PDF.Ritter.pdf; Zugriff: 2.1.2008)

[1] Jährliche, nach der Kopfzahl der Bevölkerung veranlagte Beiträge der Bundesstaaten zu den Reichsausgaben.

42 Wie demokratisch war die Reichsverfassung von 1871?

P. Laband (1913): Reichstag = radikal-demokratisch und mit großer Macht ausgestattet

- Allgemeines Wahlrecht stärkt „ungebildete Klassen"
- Gesetzgebungsrecht, Budgetrecht, Kontrolle der Verwaltung (allerdings kein Einfluss auf Regierungsbildung)
- Auflösung schwierig (nur unter „günstigen" Bedingungen)
- Ziel Bismarcks: Gegengewicht gegen Partikularismus der Einzelstaaten (➔ „erreicht")

Gefahr einer „Parlamentsherrschaft"; Reichstag ist zum Schauplatz des Streits wirtschaftlicher und gesellschaftlicher Interessen geworden

G. A. Ritter (1999): Bedeutung des Reichstags nahm zu, aber keine volle Parlamentarisierung

- Gesetzesinitiative blieb bei Regierung; Kompromisse nötig
- Parlamentarische Mehrheiten wurden von Regierung initiiert, nicht vom Reichstag
- Reichstagsparteien waren keine Volksparteien
- Parteien drängten zu wenig auf parlamentarisches Regierungssystem

Reichstag hatte politischen Einfluss, die politische Macht verblieb jedoch bei der Exekutive

Rolle und Bedeutung des Reichstags werden kontrovers beurteilt; ob Reichstag ein demokratisches Element im obrigkeitsstaatlichen Deutschen Reich darstellte, ist umstritten

43 Die Rolle der Parteien im Deutschen Kaiserreich

Der Historiker Gerhard A. Ritter (1973):

Im Vergleich zu Großbritannien, wo die Parteien [...] sich aus informellen parlamentarischen Gruppierungen entwickelt haben und von Anfang an über das Parlament entscheidende Machtpositionen innehatten, und zu Frankreich, in dem die Parteienbildung auf die Revolution nach 1789 zurückgeht und die Parteien über das Parlament schon frühzeitig [...] Regierungsmacht ausgeübt haben, entstanden die deutschen Parteien [...] erst relativ spät. Sie wurden in dem im Reich bis 1918 bestehenden, die Funktion des Parlaments stark einschränkenden System der konstitutionellen Monarchie zudem in ihrer Macht stark begrenzt und vor allem von der Übernahme der Regierungsgewalt ausgeschlossen. [...]

Aus ihrer Entstehungszeit hatten die deutschen Parteien einen stark weltanschaulich-doktrinären Charakter. Die großen Parteiströmungen in Deutschland bildeten sich aus Schulen der politischen Philosophie im engen Zusammenhang mit religiös-kirchlichen Auseinandersetzungen in einer Zeit, als die Industrialisierung Deutschlands noch in den Anfängen steckte, verantwortliche politische Wirkungsmöglichkeiten kaum gegeben waren und angesichts des Fehlens einer ins Gewicht fallenden Handels- und Industriebourgeoisie die soziale Basis der Parteien fast ausschließlich auf der schmalen Schicht des Bildungsbürgertums beruhte. [. ..]

Die Tatsache, dass die Parteien nicht durch den Kampf um die politische Macht geformt wurden, kann kaum zu sehr betont werden. Die Vielzahl der Parteien, die Schwierigkeit, zu Kompromissen zwischen den Parteien zu kommen, und der mangelnde Zusammenhalt innerhalb der Parteien hingen unmittelbar damit zusammen, dass die Parteien nicht [...] gezwungen waren, eine Position für (die eigene) oder gegen die Regierung (der anderen) einzunehmen und ihre Politik und Taktik der Hauptaufgabe der Gewinnung oder der Erhaltung der Regierungsgewalt unterzuordnen. Sie waren so nicht durch Verantwortung zur Integration gezwungen und besaßen keine Klammer durch die Aussicht auf Patronage [Vergünstigungen].

Durch ihre Systemkonformität wurden die deutschen Parteien zudem zur Änderung der Herrschaftsstrukturen ungeeignet. [...] Von der Mehrheit auch der auf Reformen drängenden Parteipolitiker im Reich wurde nicht die Übernahme der politischen Verantwortung durch Parlament und Parteien, sondern lediglich die Ausdehnung des Einflusses des Reichstages im Hinblick auf Gesetzgebung und Feststellung des Budgets sowie eine Art Vetorecht über die Person des vom Monarchen vorgeschlagenen Kanzlers beansprucht. Man strebte also verstärkten Einfluss auf die Regierung an, wollte aber die Unabhängigkeit des Parlaments von der Regierung, den Dualismus von Regierung und Parlament, erhalten. [...] Der institutionellen Ausschaltung von der politischen Verantwortung durch die Verfassung entsprach das mangelnde Verantwortungsbewusstsein und die geringe Regierungsfähigkeit der Parteien und Fraktionen selber, in denen mit der wachsenden Komplexität der staatlichen Aufgaben die Experten eine immer größere Rolle spielten, während andererseits für politische Führungsaufgaben geeignete Persönlichkeiten wegen des Fehlens angemessener Wirkungsmöglichkeiten nur schwer zu rekrutieren waren. Die z. T. in ihrem Ursprung begründete mangelnde Integrations-, Initiativ- und Führungsfähigkeit der deutschen Parteien wurde also noch verstärkt durch ein Regierungssystem, in dem den Parteien lediglich die Rolle eines [Korrektivs] für die [...] Regierung und Bürokratie zukam. [...] Die Parteien unterschieden sich in ihrem Verhalten zur Exekutive nicht wie im parlamentarischen System als Regierungs- und Oppositionsparteien [...], sondern sie wurden als gouvernementale[1] oder antigouvernementale Parteien verstanden. Von Bismarck und vielen seiner Zeitgenossen wurde dieser Gegensatz polemisch mit dem zwischen „reichstreuen" und „reichsfeindlichen" Parteien, Anhängern und Gegnern des Staates, so, wie er bestand, gleichgesetzt.

Gerhard A. Ritter: Die deutschen Parteien vor 1918. Köln 1973, S. 10 ff.

---

[1] Gouvernemental: regierungsfreundlich

43 Rolle und Charakter der Parteien im Deutschen Kaiserreich

Reichskanzler und Reichsregierung wurden im Kaiserreich nicht durch das Parlament gewählt, sondern vom Kaiser bestimmt. Die Parteien waren somit von der Regierungsverantwortung ausgeschlossen. Dies prägte den Charakter der Parteien.

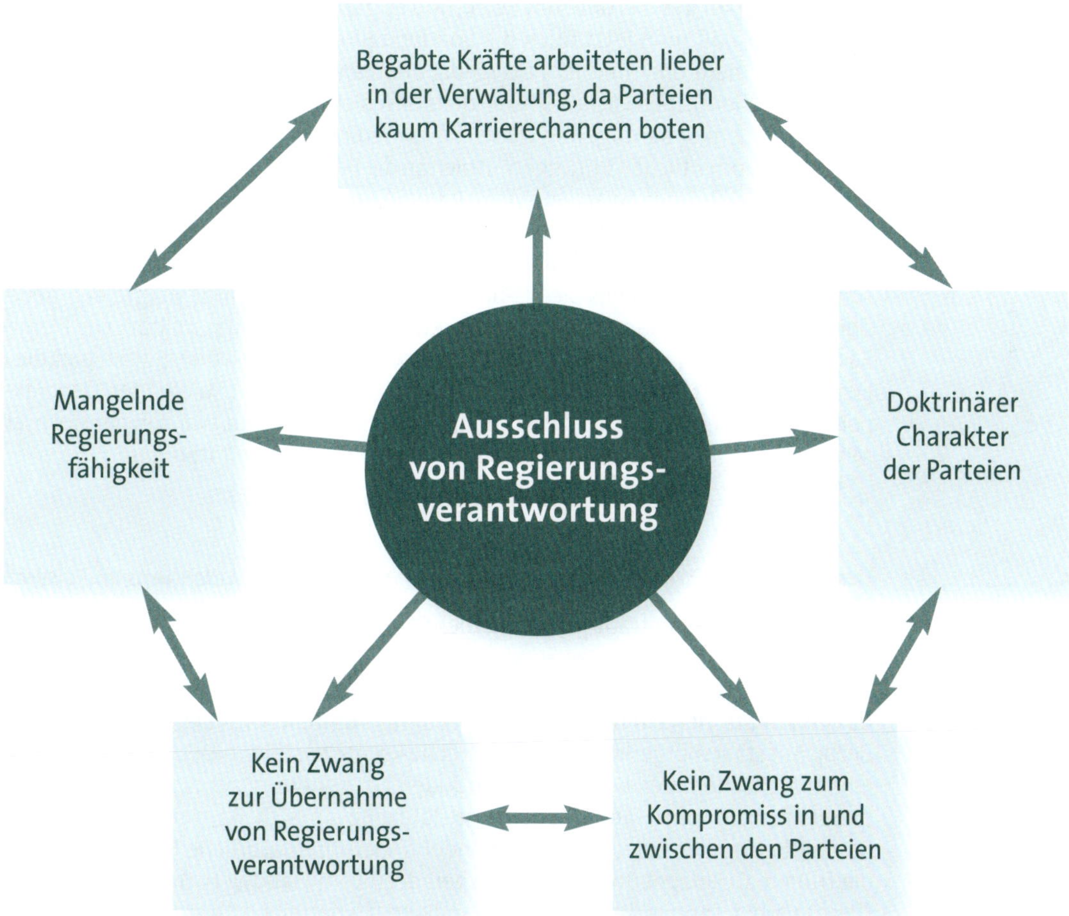

Problematische Folgen dieser historischen Erfahrungen:

- Parteien wurden auch in der Weimarer Republik als Vertretung von Partikularinteressen negativ bewertet
- Parteien hatten wenig Erfahrung mit parlamentarischer Demokratie
- Parteien verhielten sich kompromissunwillig
- Koalitionen waren daher brüchig
- Der „Parteienstaat" wurde weithin abgelehnt

44 Militarismus und Antisemitismus im Kaiserreich

Der Historiker Thomas Nipperdey über Militär und Militarismus im Deutschen Kaiserreich (1992):

Die Notwendigkeit des Militärs war im ganzen Jahrhundert und in ganz Europa unbestritten, niemand hat es abschaffen wollen, im preußischen Verfassungskonflikt wollten auch die Liberalen eine starke Armee. Dennoch war zwischen 1848 und den 60er Jahren eher das Mißtrauen gegenüber dem Militär dominant gewesen. Das Militär war teuer, es war privilegiert und exklusiv, anti-zivil und anti-bürgerlich, es war anti-parlamentarisch, innenpolitische Waffe der Gegenrevolution und des Staatsstreichs. [...] Die drei Kriege von 1864, 1866 und 1870/71 und die in ihnen erreichte Einheit haben das Verhältnis der Deutschen zum Militär verwandelt, zuerst im Norden, dann auch im Süden. Man war jetzt in erster Linie stolz auf das Militär, man bewunderte es, auf ihm beruhte das Reich, und es garantierte seine Existenz. Diese Bewunderung führte dazu, daß man jetzt auch die Sonderstellung des Militärs und seine besonderen Ansprüche als mehr oder minder notwendig anerkannte, kurz, das – preußische – Militär, wie es war. [...] Im öffentlichen Patriotismus – dem Geschichtsunterricht der Schulen, den patriotischen Festen wie dem Sedantag, den Liedern und Gedichten, den Denkmalsbauten, dem Totengedenken, den öffentlichen Ehrungen – spielten die Erinnerungen an Helden, an Krieg, Schlachten und an Sieg, die Gegenwart von Armee und Generalen, spielten Paraden z. B. eine herausragende Rolle. Die Armee war der Träger des nationalen Fortschritts gewesen. Selbst die privaten Erinnerungen waren von Militär und Krieg mitbestimmt. Das war keine Manipulation von oben, sondern Enthusiasmus des Sieges und der Reichsgründung. Das prägte den neuen Reichsnationalismus, und die superpatriotische Rhetorik akzentuierte das militärische Element natürlich besonders stark. In Treitschkes[1] einflußreichen Berliner Politikvorlesungen galt die militärische Erziehung sogar zu nahezu blindem Gehorsam als Charakterschule, galten Generale beinahe als politische Genies. Aber auch die Normalität des Nationalismus war von der Hochschätzung des Militärischen geprägt, die Taten der Väter waren kriegerische Taten. [...]

Thomas Nipperdey: Deutsche Geschichte 1866-1918, Bd. 2. München 1992, S. 233

Der linksliberale Politiker Eugen Richter über die Situation des Judentums im Kaiserreich (1896):

Die Zahl der Juden beträgt [...] wenig mehr als ein Prozent der Bevölkerung. Umso lächerlicher ist es, wenn von konservativer Seite von einer Deutschland beherrschenden und bedrückenden Macht des Judentums gesprochen wird. Wäre es wirklich der Fall, so würde gerade dies für die übrigen Deutschen ein beschämendes Zeugnis ausstellen. [...] Die Gleichstellung der Juden in Bezug auf staatsbürgerliche und bürgerliche Rechte besteht in Deutschland durchweg erst seit einem Menschenalter. [...] Es wird den Juden zum Vorwurf gemacht, dass sie in Deutschland hauptsächlich vom Handel leben. Die Tatsache an sich ist richtig. [...] Die vorzugsweise Beschäftigung der Juden mit dem Handel findet ihre natürliche Erklärung wesentlich durch die frühere Gesetzgebung, welche sie geradezu vom Handwerk und Ackerbau ausschloss. [...] Dieses Verbot, Land zu besitzen und Handwerk zu betreiben, bestand in den meisten Ländern noch in diesem Jahrhundert. [...] Seitdem den Juden öffentliche Ehrenämter und andere Anstellungen zugänglich sind, macht sich unter denselben ein starkes Bestreben geltend, in dieselben zu gelangen, auch wo mit der Erlangung derselben keinerlei materieller Vorteil verbunden ist. Nunmehr wird wiederum den Juden gerade von antisemitischer Seite zum Vorwurf gemacht, dass sie nicht beim Handel verbleiben. Aber auch die vermögen nicht zu leugnen, dass die jüdischen Eltern eifrig bemüht sind, ihren Kindern durch einen höheren Schulunterricht eine möglichst große allgemeine Bildung zuteil werden zu lassen. Während die Zahl der Juden ein einsiebtel der Bevölkerung beträgt, waren im Winter 1889 nach der amtlichen Statistik unter den Gymnasiasten in Preußen 8,8 Prozent Juden; freilich kommt der jüdischen Bevölkerung dabei zustatten, dass sie vorzugsweise in Städten lebt, welche sich im Besitze höherer Lehranstalten befinden.

Eugen Richter: Politisches ABC-Buch – Ein Lexikon parlamentarischer Zeit- und Streitfragen. Berlin 1896, S. 236ff.; zit. n.: Zeiten und Menschen Oberstufe Bd. 1. Paderborn 2004, S. 247

[1] Heinrich von Treitschke (1834-1896), konservativer und antisemitischer Historiker

44 Militarismus und Antisemitismus im Kaiserreich

Nach Reichsgründung 1871: Erstarken von Patriotismus und Nationalismus
Hauptgegner: Frankreich als „Erbfeind"

▼

Spezifische Erscheinungsformen

Militarismus

- Vor 1871: Eher Misstrauen gegen preußisches Militär
- Stimmungswandel durch Einigungskriege
- Öffentliche und private Erinnerungskultur wird von Krieg und Militär bestimmt

▼

Stolz, Bewunderung, „Militärfrömmigkeit"

▼

Alltagsleben und Werteordnung der Gesellschaft werden von militärischen Vorstellungen und Werten durchdrungen

▼

Antisemitismus

- Reaktion auf die rechtliche Gleichstellung der Juden
- Vorwürfe:
  - Juden haben zuviel Macht und Einfluss
  - Sie „arbeiten" nicht (z.B. in Handwerk/Landwirtschaft)
  - Sie missbrauchen Bildungswesen für eigene Zwecke
  - Außerdem: Wucher, Schädigung des Kleinhandels

▼

- Gründung von antisemitischen Parteien (bleiben politisch aber unbedeutend)
- Öffentliche Auseinandersetzungen (z.B. Antisemitismusstreit 1879-1881)

▼

Dringt in alle Gesellschaftsschichten vor, ohne militant zu werden (keine Pogrome); in der Auseinandersetzung auch Parteinahme für die Juden

▼

Militarismus und Antisemitismus bilden mentalitätsgeschichtlichen Kernbestand der deutschen Gesellschaft des späten 19. und frühen 20. Jahrhunderts

45 Kritik an Bismarck

Der linksliberale Reichstagsabgeordnete Eugen Richter zur Entlassung Bismarcks (1890):

Gott sei Dank, daß er fort ist! Unser Kampf gegen den Fürsten Bismarck war ein durchaus sachlicher, weil wir das System seiner inneren Politik als ein für das Land überaus verderbliches ansahen. So wenig unsere Gegnerschaft während seiner Amtsdauer durch Haß oder Feindschaft gegen die Person bedingt war, so wenig kann der Rücktritt seiner Person die Gegnerschaft gegen eine falsche Regierungspolitik aufheben oder auch nur mildern.

Es ist unsere innerste Überzeugung, daß eine Fortsetzung der bisherigen inneren Politik, wie sie namentlich seit 1877 begonnen, nach einem ebensolchen Zeitraum tatsächlich Deutschland in den Abgrund geführt haben würde. Daß bei den letzten Wahlen die deutsche Bevölkerung sich zu einem Fünftel zu einer republikanischen Partei bekannt hat, ist in der Hauptsache die Frucht des Bismarckschen Regierungssystems, welches nur zu sehr geeignet war, die Sozialdemokratie bald mittels dargereichten Zuckerbrots, bald mittels der angewandten Peitsche künstlich großzuziehen. Dazu sind die konfessionellen Gegensätze verschärft worden, nach der einen Seite durch den mittels Polizei und Strafbestimmungen geführten kirchenpolitischen Kampf, nach der anderen Seite durch das Verhalten des Kanzlers zu der Entstehung der antisemitischen Bewegung. Das gewaltige Emporwuchern der Interessentenparteien, welche rücksichtslos die Ausbeutung der Staatsgewalt auf Kosten des allgemeinen Wohles erstreben, ist zurückzuführen auf die Schutzzollpolitik[1] und jene Schutzzollagitationen, zu welchen der Kanzler persönlich in jeder Weise aufgefordert und angereizt hat. Die Verhetzung der politischen Parteien untereinander, die Verdächtigung der Vaterlandsliebe, das Absprechen des Patriotismus für jeden politisch Andersdenkenden ist die Folge einer durch den Welfenfonds[2] korrumpierten Presse und des Tones, welchen die Kanzlerpresse stets angeschlagen hat gegen alle, welche einmal andere Ansichten bekundeten als der Kanzler.

Nur die falsche Politik des Kanzlers hat das Anschwellen der Steuerlasten des Reiches in den letzten Jahren um nahezu 400 Millionen, und zwar vorwiegend zu Ungunsten der minder wohlhabenden Klassen verschuldet. [...]. Niemals hat man dagegen gehört, daß der Kanzler die sich steigernden Anforderungen der Militärverwaltung durch Ausgleiche im Heeresbudget auch nur erträglicher zu machen bemüht war.

Die Volksvertretung wurde stets in der rücksichtslosesten Weise behandelt und in ihrem Ansehen herabgewürdigt, so oft sie dem Kanzler nicht zu Gefallen stimmte. [...] Wahrlich, es war hohe Zeit, daß diesem Zustande ein Ende gemacht wurde. Darum keine Höflichkeitsphrasen und falschen Sentimentalitäten! Es könnten daraus falsche Schlußfolgerungen gezogen werden zugunsten des Regierungssystems, welches sich im Fürsten Bismarck verkörperte, eines Regierungssystems, welches durch seinen Rücktritt zwar erschüttert, aber durchaus nicht beseitigt ist.

Erst eine spätere Generation wird ein vollkommmen gerechtes Urteil über den Fürsten Bismarck fällen. Wir sind der Meinung, die Nachwelt wird seine 28jährige Wirksamkeit in ihrer Gesamtheit weniger in den Himmel erheben, als es die Mitwelt vielfach getan hat. Vor den Augen der letzteren kam voll und ganz zur Geltung, was er für die Einheit des Vaterlandes getan; aber wie seine falsche innere Politik an dem Volksleben gesündigt, das wird in seinem ganzen Umfang erst späteren Generationen zum vollen Bewußtsein gelangen, die noch unter den Nachwirkungen dieser Politik zu leiden haben werden. [...]

In: „Freisinnige Zeitung" vom 21.3.1890

---

[1] Maßnahmen, die Bismarck 1878/79 zum Schutz der Wirtschaft des Deutschen Reiches eingeleitet hat. Gründe hierfür waren die seit etwa 1873 einsetzende Wirtschaftskrise, die britische Industriekonkurrenz und der Import von billigerem russischem und amerikanischem Getreide.

[2] Fonds aus dem Vermögen des 1866 entthronten Königs Georg V. von Hannover (rund 48 Mio. Mark). Dieses Geld hatte die preußische Regierung 1868 wegen der Aufstellung einer Welfenlegion in Frankreich durch den König beschlagnahmt. Ein Teil der Zinsen des Welfenfonds wurde von Bismarck zur Bekämpfung regierungsfeindlicher Bestrebungen und zur Pressebeeinflussung verwendet („Reptilienfonds"), ein anderer für kulturelle Zwecke. 1892 wurde die Beschlagnahme aufgehoben. Die Welfen waren ein ursprünglich fränkisches Adelsgeschlecht, das seit dem 9. Jahrhundert bekannt ist.

45 Bismarck – eine kritische Würdigung seiner Innenpolitik aus linksliberaler Perspektive

- Bekämpfung des Parlamentarismus
- Förderung des Autoritätskultes

- Verschärfung der innenpolitischen Spannungen
- Kulturkampf
- Sozialistengesetz

Förderung von Militarismus und Antisemitismus

Innenpolitik Bismarcks

Förderung von bestimmten Interessengruppen (u.a. Adel, Bauern): Schutzzollpolitik

- Verschuldung des Deutschen Reichs
- Förderung der ungerechten Vermögensverteilung

- Innenpolitische Polarisierung
- Politischen Gegnern wird Patriotismus abgesprochen

- Negative innenpolitische Bilanz
- Gesellschaftliche und soziale Polarisierung, Vergiftung der politischen Kultur
- Verhinderung von weiterer Parlamentarisierung und Demokratisierung
- Aber: Nach drei Einigungskriegen lange Friedenszeit

46 Kaiser Wilhelm II. – gab es ein „persönliches Regiment“?

Der britische Historiker John C.G. Röhl (1987):

Die Diskussion über die Rolle Kaiser Wilhelms II. in dem „decision-making process“ im wilhelminischen Kaiserreich hat sich festgefahren in der Auseinandersetzung um die Anwendbarkeit des zeitgenössischen Schlagworts vom „persönlichen Regiment“. War der einstige demokratische Reichstagsabgeordnete Erich Eyck, in der Tradition Eugen Richters stehend, noch in der Emigration bereit, die politische Geschichte des Kaiserreichs von 1890 bis 1914 ohne Umschweife unter dem Titel *Das persönliche Regiment Wilhelms II.* zu schildern, so bemühten sich die Verfassungshistoriker Hartung und Huber mit bisweilen recht sophistischen [spitzfindigen] und abstrakt-juristischen Überlegungen, das Vorhandensein eines „persönlichen Regiments“ unter Wilhelm II. überhaupt abzustreiten. [...]

In seinem ebenso einflußreichen wie umstrittenen Buch *Das Deutsche Kaiserreich 1871-1918* kennzeichnet Hans-Ulrich Wehler das Regierungssystem Bismarcks als ein „plebiszitär gekräftigtes, bonapartistisches Diktatorialregime“, dem seit 1890 „die permanente Staatskrise“, die „autoritäre Polykratie ohne Koordination“ folgte. Nach Bismarcks Entlassung durch den jungen Kaiser (!), so schreibt Wehler, „fehlte der preußisch-deutschen Machtpyramide ihre Spitze [...]. Realiter und atmosphärisch entstand damit ein Machtvakuum, das unterschiedliche Persönlichkeiten und Kräfte auszufüllen versuchten. [...]“

Zwar habe der junge Monarch in einem Anlauf zum „persönlichen Regiment“ zunächst versucht, gleichzeitig Kaiser und Kanzler zu sein. „Dazu ist es jedoch weder verfassungsrechtlich gekommen, noch gelang es Wilhelm II., die Verfassungsrealität dauerhaft zu verändern. [...] Sowohl von den persönlichen Fähigkeiten als auch von den institutionellen Anforderungen her [...] war der letzte Hohenzollernkaiser außerstande, monokratisch das Reich zu regieren. Noch ehe das neue Jahrhundert begann, war er im Grunde mit diesem anachronistischen Spiel gescheitert.“ Wie der Erste Weltkrieg dann vollends enthüllte, spielte Wilhelm II. „dem Schwerpunkt der Macht nach nur die Rolle eines ‚Schattenkaisers'“. So kommt Wehler zu dem Ergebnis: „Nicht Wilhelm II. drückte der Reichspolitik seiner Zeit den Stempel auf, sondern die traditionellen Oligarchien taten das im Verein mit den anonymen Kräften der autoritären Polykratie. Ihre Macht reichte auch ohne einen Halbdiktator, aber mit Hilfe einer bonapartistischen Strategie zur Verteidigung der Herrschaftspositionen aus – mit wie fatalen Folgen auch immer.“ [...]

Es wäre absurd zu behaupten, eine Selbst- oder Alleinherrschaft Kaiser Wilhelms II. habe jemals tatsächlich existiert. Wenn die Zeitgenossen kritisch von seinem „Persönlichen Regiment“ sprachen, dann bemängelten sie sein zu häufiges Eingreifen in die Staatsgeschäfte, die Betonung seines Gottesgnadentums, das die Nation kränkte, seine Reden und Interviews, die für die Außenpolitik und das internationale Renommé des deutschen Kaiserreichs so verhängnisvoll waren. Mag Wilhelm II. auch von einer absoluten Alleinherrschaft geträumt haben, sie blieb selbst für ihn ein Traum. Auch seine schärfsten Kritiker glaubten nicht, daß eine solche Regierungsform tatsächlich von ihm praktiziert wurde. Da über diesen Punkt in der heutigen Zeit immer wieder Mißverständnisse entstehen, wäre es vielleicht angebracht, den zeitgenössischen Terminus „Persönliches Regiment“ – wo möglich – zu meiden und stattdessen von einem „Königsmechanismus“ zu sprechen. Mit diesem von dem großen Soziologen Norbert Elias geprägten Begriff wird die Aufmerksamkeit in fruchtbarer Weise von den Taten und Untaten „Wilhelms des Plötzlichen“ abgelenkt und somit der Blick frei für die entscheidendere und interessantere Frage nach der Wechselwirkung zwischen Kaiser, Hof und Staat bei der Ausübung der Macht im wilhelminischen Deutschland.

Allerdings ist es die Kernthese dieses [Röhls] Buches, daß das politische System des wilhelminischen Kaiserreiches in seiner Essenz als Monarchie zu begreifen ist, und daß mithin der Kaiser, die kaiserliche Familie, der Freundeskreis, die kaiserliche Umgebung und der Hof den Mittelpunkt dieses Systems bildeten, von dem selbst die höchsten Reichs- und Staatsbeamten mental und machtpolitisch abhängig waren.

John C. G. Röhl: Kaiser, Hof und Staat. Wilhelm II. und die deutsche Politik. München 1987, S. 125, S. 18f. u. S. 11

46 Wieviel Macht hatte Wilhelm II.? – Eine wissenschaftliche Kontroverse

Anspruch des Kaisers, nach seiner Inthronisierung (1888) ein „persönliches Regiment“ zu errichten ➔ Konflikte mit Bismarck über Innen- und Außenpolitik führen zu dessen Entlassung (1890)

Positionen von Historikern zur Frage eines „persönlichen Regiments“

Eyck/Richter:
Persönliche Regierung des Kaisers war Grundtatsache der Zeit von 1890-1914

Hans-Ulrich Wehler:
Nach „Diktatorialregime“ Bismarcks fehlte trotz anfänglicher Bemühungen des Kaisers ein Machtmittelpunkt; stattdessen gab es eine unkoordinierte „Polykratie“ rivalisierender Machtzentren und der traditionellen „Oligarchien“

Hartung/Huber:
Das „persönliche Regiment“ gab es nicht, es existierte allenfalls im Selbstbild des Kaisers

Mögliche Belege:

- Krüger-Depesche (1896)
- Marokko-Krisen (1905/1911)
- Daily-Telegraph-Affäre (1908)
- Reaktionen auf verschiedene Reden Wilhelms
- Seine Rolle im Ersten Weltkrieg („Schattenkaiser“)

➔ Nach anfänglichen „Erfolgen“ (z.B. in der Außen- und Sozialpolitik) durch ungeschicktes Verhalten und Widerstand Schwächung der kaiserlichen Machtstellung

John Röhl:
Kennzeichnend für Amtszeit Wilhelms II.: der „Königsmechanismus“ – weniger die praktische Politik war entscheidend, vielmehr der persönliche Einfluss des Kaisers auf seine Umgebung, den Hof und leitende Staatsbeamte, die von ihm abhängig waren

Gründe für die kontroverse Beurteilung der Rolle Wilhelms II. in der Geschichtswissenschaft

- Wissenschaftstheoretische Positionen der Forscher (sozialwissenschaftlicher Ansatz bei Wehler ➔ Tendenz zur „Entpersonalisierung“ der Geschichte/ britische Tradition der Personengeschichte bei Röhl)
- Offenheit der Begriffe „Regieren“ und „Macht“
- Häufig unterschiedliches Quellenmaterial als Grundlage der Urteilsbildung

47 Kolonien als Mittel der Zukunftssicherung?

Paul Rohrbach (1869-1956), von 1903 bis 1906 Reichskommissar für Deutsch-Südwestafrika, zur Frage, warum Deutschland Kolonien brauche (1914):

Warum muss Deutschland Kolonien haben? Als diese Frage zuerst auftauchte, und nach jahrelanger theoretischer Erörterung zu den Erwerbungen in Afrika und der Südsee führte, waren die beiden Hauptargumente für eine deutsche Kolonialpolitik die Auswanderung und der Import kolonialer Verbrauchsgegenstände. Jeder vaterlandsliebende Deutsche musste es schmerzlich empfinden, dass alljährlich Hundertausende die Heimat verließen, um in Amerika ein besseres Dasein zu suchen, als die Verhältnisse in Deutschland es ermöglichten. Man malte sich aus, welch einen Zuwachs für das Deutschtum in der Welt es geben würde, sobald die deutsche Auswanderung nach deutschen Kolonien gelenkt werden könnte. Andere Stimmen wiesen mit demselben Eifer darauf hin, was für Verluste am deutschen Volksvermögen dadurch entständen, dass jährlich Hunderte von Millionen für Kolonialwaren an andere Völker gezahlt würden. [...]

Was der vorigen Generation so viel Sorge machte, der Verbrauch an kolonialen Genussartikeln, der uns den fremden Kolonialvölkern tributpflichtig machte, ist in der Gegenwart noch viel größer geworden als vor dreißig oder vierzig Jahren, aber in unserem nationalen Gesamhaushalt spielt er eine geringe Rolle gegenüber der immensen Steigerung des Bedarfes an ausländischen Rohstoffen für unsere Industrie und an ausländischen Nahrungsmitteln zur Deckung unseres Defizits an Brot, Fleisch, Eiern, Gemüse, Obst usw. Am notwendigsten ist es für uns, dass wir im Bezug gewerblicher Rohstoffe vom [europäischen und amerikanischen] Auslande unabhängig werden. Es wird schwerlich daran zu denken sein, dass jemals auf deutschem Kolonialboden alle Wolle und Baumwolle, alles Holz und Erz gewonnen wird, das die deutsche Industrie von auswärts beziehen muss. Aber [...] es ist schon viel erreicht, wenn unsere koloniale Produktion so bedeutend wird, dass sie imstande ist, eine preisregulierende Wirkung auf dem Weltmarkt auszuüben. Das gilt vor allem für Dinge, in denen bestimmte Völker bisher eine Art von Monopol haben, wie die Amerikaner in Baumwolle.

Auch die Frage der Auswanderung nach den Kolonien ist wichtig, trotzdem wir keinen Bevölkerungsüberschuss mehr haben. Wir haben aber eingesehen, dass Südwestafrika, oder die Hochländer von Ostafrika, oder sonst ein Stück der afrikanischen Tropen auch gar nicht geeignet ist, eine weiße Massenbevölkerung aufzunehmen, einfach aus dem Grunde, weil der Land- und Handarbeiter, also das ziffernmäßig stärkste Element im Lande, immer der Eingeborene sein wird. Der Zahl nach können die Weißen im eigentlichen Afrika immer nur eine Minderheit bilden. Wirtschaftlich würde ihnen natürlich die Leitung der Produktion gehören, und vor allen Dingen sehen wir es schon jetzt in unsern afrikanischen Kolonien mit Augen, wie sich ein neuer wertvoller Typus des deutschen Charakters bildet: der deutsche Afrikaner. [...] In diesem Sinne ist auch der nationale Wert der Kolonialpolitik sehr groß, und wenn man erwägt, welche wirtschaftlichen Werte in Zukunft von einem so entstandenen afrikanischen Deutschland unter der Führung einer weißen deutschen Herrenschicht geschaffen werden können, so muss in uns der Wunsch kräftig werden, dass dieses nationale Ziel unserer Kolonialpolitik bald in noch viel weiteren Kreisen begriffen werden möge, als es jetzt noch der Fall ist.

Paul Rohrbach: Die deutschen Kolonien. Dachau 1914, S. 3

47 Kolonien als Mittel der Zukunftssicherung?

Ziele – Motive – Interessen

Privatpersonen/Unternehmer:

- Siedlungsgebiet für deutsche Auswanderer
- Rohstoffe
- Billigere Kolonialimporte
- Förderung des „Deutschtums“ in der Welt
- Leitung der Produktion in den Kolonien
- Schaffung eines „afrikanischen Deutschtums“

Staat/deutsche Regierung:

- Nationales und internationales Prestige
- Sicherung von Massenloyalität; Mittel, um soziale Frage nicht lösen zu müssen
- Abbau von inneren Spannungen (Sozialimperialismus)
- Konkurrenz mit anderen Kolonialmächten

Ergebnisse der Kolonialpolitik:

- Kein nennenswerter Im- oder Export
- Kolonien sind nur Verlustgeschäft für den Staat
- Privatisierung der Gewinne
- Keine nennenswerte Auswanderung in deutsche Kolonien
- Innenpolitischer Gegner (Arbeiterbewegung) wird nicht geschwächt
- Keine Krisentherapie durch koloniale Expansion
- Verschärfung internationaler Spannungen

48 Imperialismus

Der britische Außenminister und spätere Premierminister Lord Rosebery (Archibald Philip Primrose Rosebery, 1847-1929) in einer Rede am Royal Colonial Institute in London am 1. März 1893:

Es wird gesagt, dass unser Empire bereits groß genug sei und dass es keiner weiteren Expansion mehr bedürfe. Dies wäre in der Tat richtig, wenn die Welt unbegrenzt ausdehnungsfähig wäre; doch unglücklicherweise ist sie es nicht. Wir sind im Augenblick damit beschäftigt, „Schürfrechte für die Zukunft abzustecken", wie es in der Sprache der Bergleute heißt. Was wir ins Auge zu fassen haben, ist nicht, was wir im gegenwärtigen Augenblick nötig haben, sondern was wir in Zukunft einmal nötig haben werden. [...] Wir dürfen dabei nicht vergessen, dass es ein Teil unser Verantwortlichkeit [...] ist, dafür Sorge zu tragen, dass die Welt, soweit sie von uns geprägt werden kann, angelsächsischen und nicht einen anderen Charakter erhält.

The Times, 2. März 1893, S. 6; aus: Wolfgang J. Mommsen: Imperialismus. Seine geistigen, politischen und wirtschaftlichen Grundlagen. Hamburg 1977, S. 64 f.

Der französische Wirtschaftswissenschaftler Pierre Leroy-Beaulieu (1843-1916) zum Nutzen der Kolonien (1886):

Die große Nützlichkeit der Kolonien liegt nicht allein darin, dass sie als Auffangbecken für den Bevölkerungsüberschuss der Metropole dienen, und auch nicht darin, dass sie für deren überschüssige Kapitalien ein Betätigungsfeld unter besonders rentablen Bedingungen eröffnen. Darüber hinaus wird durch sie der Handel des Mutterlandes zu dynamischer Entfaltung angeregt, wird die Industrie aktiviert und in Gang gehalten; die Bevölkerung des Vaterlandes, Industrielle, Arbeiter und Verbraucher, erlangen durch sie wachsende Profite, Löhne und Annehmlichkeiten. [...] Daraus ist eine Vergrößerung des Wohlstandes und eine Verfeinerung unserer Gewohnheiten und Sitten, eine Veredelung unserer Zivilisation [...] erwachsen. Hierin liegt das erste und unbezweifelbare Ergebnis der Kolonisation.

Aus: Wolfgang J. Mommsen: Imperialismus. Seine geistigen, politischen und wirtschaftlichen Grundlagen. Hamburg 1977, S. 92 f.

Der deutsche Historiker Heinrich v. Treitschke (1834-1896) über die „Notwendigkeit deutscher Kolonialpolitik" (um 1890):

Wie viele der köstlichsten Kräfte haben wir durch die Auswanderung eingebüßt und büßen wir noch täglich ein, ohne dafür auch nur den geringsten Ersatz zu bekommen; Arbeitskraft wie Kapital der Auswanderer ist für uns verloren. Welche unermesslichen finanziellen Vorteile würden diese Leute uns als Kolonisten bieten.

So ist jene Kolonisation, welche das einheitliche Volkstum erhält, für die Zukunft der Welt ein Faktor von ungeheuerer Bedeutung geworden. Von ihr wird es abhängen, in welchem Maße jedes Volk an der Beherrschung der Welt durch die weiße Rasse teilnehmen wird; es ist sehr gut denkbar, dass einmal ein Land, das keine Kolonien hat, gar nicht mehr zu den europäischen Großmächten zählen wird, so mächtig es sonst sein mag. Darum dürfen wir nicht in jenen Zustand der Erstarrung kommen, der die Folge einer rein festländischen Politik ist, und das Ergebnis unseres nächsten glücklichen Krieges muss womöglich die Erwerbung irgendeiner Kolonie sein.

Aus: Wolfgang J. Mommsen: Imperialismus. Seine geistigen, politischen und wirtschaftlichen Grundlagen. Hamburg 1977, S. 125 f.

48 Ursachen und Ziele imperialistischer Weltpolitik

Ideologische Grundlagen:

- Nationalismus („Welt angelsächsisch")
- Rassismus („weiße Rasse")
- Sendungsbewusstsein („Veredelung")
- Missionierung
- „Hilfe" für „unterentwickelte" Völker

Ökonomische Ziele:

- Kapitalinvestition
- Sicherung von Auslandsmärkten
- Billige Rohstoffe
- „Schürfrechte"
- Internationale Konkurrenz
- „Vergrößerung des Wohlstands"

Politische Ziele und Interessen:

- Groß- und Weltmachtpolitik
- Ablenkung von inneren Problemen
- Sicherung von Einflusssphären, globale militärstrategische Interessen
- Siedlungsgebiete
- Internationale Konkurrenz, nationales Prestige

Widersprüchliche Folgen:

- Verschärfung der internationalen Konkurrenz und Spannungen (Erster Weltkrieg)
- „Europäisierung" der Welt (mit widersprüchlichen Folgen)
- Kolonien waren zunächst nur hilflose Objekte europäischer Politik
- Stellvertreterkriege in „unterentwickelten Ländern"
- Weiterwirkende Abhängigkeit ärmerer Staaten, keine Industrialisierung, Entwicklung von Monokulturen
- Erfolgreiche Modernisierung von einigen „unterentwickelten" Ländern

49 Balkankonflikte 1914

Der Historiker Imanuel Geiss (1993):

Am Vorabend des Ersten Weltkrieges gab es, rein theoretisch, vier Optionen für die Lösung der Südslawischen Frage:

1. Beibehaltung des Status quo: Sie war angesichts der anhaltenden Schwäche des Kranken Manns Nr. 1 am Bosporus (Osmanisches Reich) und des Kranken Manns Nr. 2 an der Donau (Österreich-Ungarn) wenig wahrscheinlich.
2. Eine trialistische Lösung, die die Südslawen (Slowenen, Kroaten und Serben) zur dritten Säule der Donaumonarchie gemacht hätte: Sie scheiterte am Widerstand der Ungarn [...].
3. Einheit nur der orthodoxen Süd-Südslawen unter Führung Großserbiens, gleichsam die mini-südslawische Lösung: Sie war beim weitergehenden Ehrgeiz Serbiens nur als Zwischenetappe zum „richtigen" Südslawien gedacht.
4. Zusammenschluss aller Südslawen: Er war, nach allen historischen Erfahrungen, nur nach einem größeren Krieg und dem Zusammenbruch Österreich-Ungarns denkbar. Die maxi- oder pansüdslawische Lösung hatte zwei Varianten – eine föderalistische, bevorzugt von Slowenen, Kroaten und „Jung-Bosnien", sowie eine zentralistisch-großserbische. Beide Varianten paralysierten sich gegenseitig: Der großserbische Zentralismus blockierte die föderalistische Alternative, war nur repressiv von oben zu erzwingen und provozierte den Widerstand zumindest des größten Volkes der lateinischen Nord-Südslawen, der Kroaten. Die föderalistische Lösung scheiterte an Serbien. Schließlich setzte sich infolge des Ersten Weltkrieges die groß-serbische Variante durch.

Das Attentat auf [den österreichischen Thronfolger] Franz Ferdinand fand 1914 nicht zufällig am Schnittpunkt von lateinischem Westen, orthodoxem Osten und muslimischem Südosten statt – in Sarajevo, der Hauptstadt Bosniens, das seit der endgültigen Reichsteilung Roms 395 von West und Ost reklamiert wurde, in einer Stadt, die von den muslimischen Osmanen gegründet wurde und einen türkischen Namen hat („sara" = „serail" = Hof), am Eingang zum Muslimviertel neben der Lateinerbrücke. Der Thronfolger des überwiegend lateinischen Österreich-Ungarn wurde von einem jungen serbischen Bosnier ermordet, der auf dem von den Österreichern erbauten Humanistischen Gymnasium Latein und Griechisch gelernt hatte, aber ausgebildet und ausgerüstet wurde von der großserbischen „Schwarzen Hand" im orthodoxen Belgrad.

Imanuel Geiss: Der Jugoslawienkrieg. Frankfurt/M. 1993, S. 40 f.

Die serbische Zeitung „Piemont" schrieb am 8.10.1913 zur Erinnerung an die österreichische Annexion Bosniens und der Herzegowina im Jahr 1908:

Heute sind es fünf Jahre, dass mittels eines kaiserlichen Dekrets die Souveränität des Habsburger Zepters über Bosnien und die Herzegowina ausgebreitet wurde. Den Schmerz, der an diesem Tage dem serbischen Volke zugefügt wurde, wird das serbische Volk noch durch Jahrzehnte fühlen. [...] Das Volk legt das Gelübde ab, Rache zu üben, um durch einen heroischen Schritt zur Freiheit zu gelangen. [...] Serbische Soldaten [...] legen heute das Gelübde ab, dass sie gegen die „zweite Türkei" [Österreich-Ungarn] ebenso vorgehen werden, wie sie mit Gottes Hilfe gegen die Balkan-Türkei vorgegangen sind. Sie legen dieses Gelübde ab und hoffen, dass der Tag der Rache naht. Eine Türkei verschwand. Der gute serbische Gott wird geben, dass auch die „zweite Türkei" verschwindet.

Österreich-Ungarns Außenpolitik von der Bosnischen Krise 1908 bis zum Kriegsausbruch 1914. Diplomatische Aktenstücke des österreichisch-ungarischen Ministeriums des Äußern. Bd. 8. Wien 1930, Nr. 10 654, S. 679, Beilage 1 n.

49 Balkankonflikte vor dem Ersten Weltkrieg

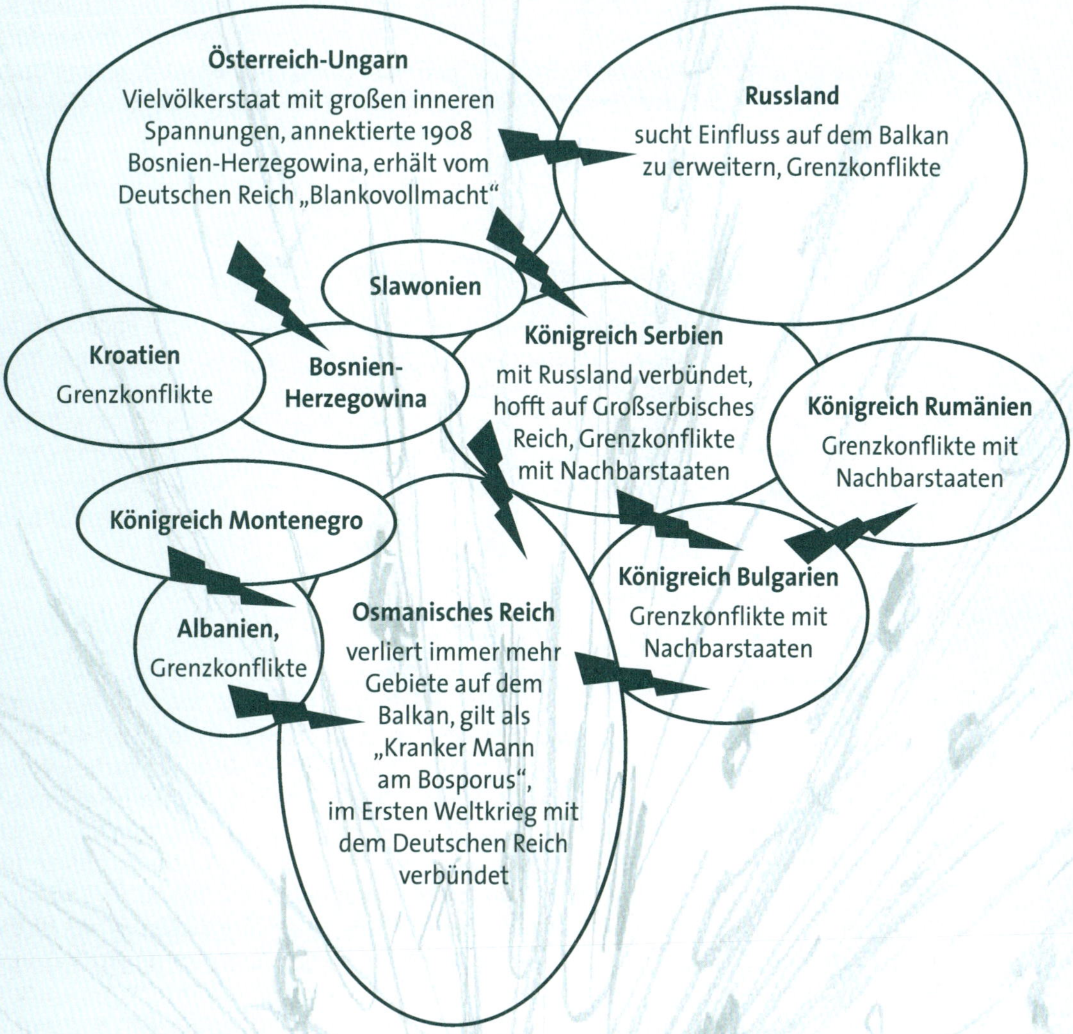

Folgen:

- Zahlreiche Grenz- und Nationalitätenkonflikte
- Innere Schwäche Österreich-Ungarns und des Osmanischen Reichs
- Gegensätze zwischen „lateinischem“, römisch-katholischem Westen und orthodoxem Osten
- Russland will Einfluss auf Balkan erweitern
- Deutschland unterstützt Österreich-Ungarn und ermuntert es zu scharfem Vorgehen gegen Serbien („Blankovollmacht“)
- Deutsche Hoffnung, nach Attentat in Sarajewo den zu erwarteten Krieg „lokalisieren“ zu können

50 Die Kriegsschuldproblematik

Im Friedensvertrag von Versailles wurde von den Siegermächten 1919 festgeschrieben, dass Deutschland die „alleinige Schuld" am Ausbruch des Ersten Weltkriegs habe. Damit sollten die harten Friedensbedingungen, die Deutschland auferlegt wurden, gerechtfertigt werden. Viele Menschen vor allem in Deutschland waren demgegenüber der festen Überzeugung, dass das friedliche Deutschland „eingekreist" oder „überfallen" worden sei. Andere Menschen meinten, dass man in den Krieg „hineingeschlittert" sei. Nach dem Zweiten Weltkrieg setzte unter Historikern wieder eine lebhafte Debatte über den Kriegsausbruch und die Kriegsschuld ein. „Die" Kriegsursachen für die „Urkatastrophe" des 20. Jahrhunderts gibt es nicht, allenfalls unterschiedliche Deutungen von Zeitgenossen und Historikern.

Der Historiker Golo Mann schrieb hierzu (1960):

Europa war stark damals. Es hatte über all den diplomatischen Krisen endlich die Nerven verloren und Krieg gemacht; aber es war gesund genug, um ihn zu führen, wie noch nie ein Krieg geführt worden war, seit es Menschen auf Erden gab. All das Kapital, das der reichste Kontinent der Erde in fünfzig, in hundert Friedensjahren beispiellosen industriellen Fortschritts aufgehäuft hatte, all die Wissenschaft, all der angesammelte Lebenssaft und Mut und Übermut gingen nun in das eine. Alle glaubten sich angegriffen, aber alle griffen an. Alle Generalstäbe hatten längst großartige Offensivpläne gehegt und gepflegt, die sie nun ins Werk setzten: der deutsche, der französische, der österreichische, der russische.

Golo Mann: Deutsche Geschichte des 19. und 20. Jahrhunderts. Frankfurt/M. 1960, S. 580

Der Historiker Fritz Fischer zur Kriegsschuldfrage (1967):

Bei der angespannten Weltlage des Jahres 1914, nicht zuletzt als Folge der deutschen Weltpolitik – die 1905, 1909 und 1911 bereits drei gefährliche Krisen ausgelöst hatte –, musste jeder begrenzte (lokale) Krieg in Europa, an dem eine Großmacht unmittelbar beteiligt war, die Gefahr eines allgemeinen Krieges unvermeidbar nahe heranrücken. Da Deutschland den österreichisch-serbischen Krieg gewollt, gewünscht und gedeckt hat und, im Vertrauen auf die deutsche militärische Überlegenheit, es im Jahre 1914 bewusst auf einen Konflikt mit Rußland und Frankreich ankommen ließ, trägt die deutsche Reichsführung einen erheblichen Teil der historischen Verantwortung für den Ausbruch des allgemeinen Krieges. Diese verringert sich auch nicht dadurch, dass Deutschland im letzten Augenblick versuchte, das Verhängnis aufzuhalten; denn die Einwirkung auf Wien geschah ausschließlich wegen der drohenden Intervention Englands und weil zeitweise Gefahr bestand, dass Russland bei intransigentem [unnachgiebigem] Verhalten Österreichs nicht als der Kriegsschuldige dastehen würde. Aber auch dann wurde die Einwirkung auf ihn nur mit halben, verspäteten und sofort widerrufenen Schritten unternommen.

Fritz Fischer: Der Griff nach der Weltmacht. Die Kriegszielpolitik des kaiserlichen Deutschland 1914/18. Düsseldorf 1967, S. 82

Der Historiker Imanuel Geiss zum selben Thema (1967):

Der größte Teil der Verantwortung liegt bei der Macht, die zumindest den lokalen Krieg wollte. Diese Macht war eindeutig das Deutsche Reich. Es mag gewiss keinen Weltkrieg unter allen Umständen gewollt haben, aber es drängte ein zögerndes Österreich zum Krieg gegen Serbien. Deutschland war außerdem die Macht, die einem Kontinentalkrieg kühl entgegensah, den es glaubte gewinnen zu können, solange England neutral blieb.

Imanuel Geiss: Die Kriegsschuldfrage – das Ende eines Tabus. in: Aus Politik und Zeitgeschichte B 25/1967, S. 24

50 Die Kriegsschuldproblematik

Position der Siegermächte 1919:

- Deutschland trägt die „alleinige Kriegsschuld“ – Begründung für harte Friedensbedingungen und Reparationsforderungen
- Vertrag wird in Deutschland vehement abgelehnt; die Nichtanerkennung der Kriegsniederlage und des Versailler Vertrags bilden eine wesentliche Ursache für den Nationalsozialismus

↓

Erster Weltkrieg – die „Urkatastrophe“ des 20. Jahrhunderts

↑

Golo Mann:

- Alle verloren die Nerven
- Alle fühlten sich angegriffen
- Alle waren auf den Krieg vorbereitet und setzten große Hoffnungen in ihn

Fritz Fischer:

Bei angespannter Weltlage musste jeder lokal begrenzte Krieg zu einem allgemeinen Krieg werden.

Da Deutschland österreichisch-serbischen Krieg gewollt hatte, trägt es erhebliche Verantwortung am Krieg

Imanuel Geiss:

Die deutsche Regierung

- wollte keinen Weltkrieg, sondern den Krieg „lokalisieren“
- wollte Österreich zum Krieg gegen Serbien zwingen
- glaubte Krieg gewinnen zu können, solange England neutral blieb

Die Deutung der Schuld am Ausbruch des Ersten Weltkriegs diente den Zeitgenossen für die Rechtfertigung spezifischer Interessen und politischer Ziele.

Heute wird in der wissenschaftlichen historischen Forschung betont, dass der Versailler Vertrag den Status Deutschlands als Großmacht nicht grundsätzlich in Frage stellte. Die Zeitgenossen sahen diese Chance nicht.

Didaktische Kurzkommentare zu Texten und Tafelbildern

Nr. 01 Renaissance

Der vorliegende Quellentext illustriert den Begriff der Renaissance als „Wiedergeburt", aber auch als Weiterentwicklung der Antike. Der kunstgeschichtliche Aspekt, der im Text nur angedeutet wird, lässt sich durch entsprechende Abbildungen ergänzen und vertiefen (Bildende Künste, Architektur). Man kann auch darauf hinweisen, dass es sich bei der Renaissance um ein Begriffs- und Epochenkonstrukt des 19. Jahrhunderts handelt (die Zeitgenossen sprachen vom „italienischen Stil"). Anders als in diesem relativ spät entstandenen Text suggeriert, gab es für diese ästhetische und geistige Bewegung kein festes Programm; sie war vielmehr das Resultat gegenseitiger Anregungen und komplexer Wechselwirkungen.

Nr. 02 Kopernikus

Hier könnte anhand des nicht ganz einfachen Textes thematisiert werden, inwiefern Kopernikus noch traditionalen Vorstellungen verhaftet blieb und inwiefern er diese sprengte. Zugleich könnte erörtert werden, warum Teile der Kirche (Kopernikus war selbst Geistlicher!) das traditionale geozentrische Weltbild verteidigten. Mathematisch bzw. geometrisch interessierte Schülerinnen und Schüler könnten über die Berechnungen bzw. Experimente von Aristarch bzw. Eratosthenes berichten.

Nr. 03 Entdeckungsreisen

Neben der inhaltlichen Erarbeitung lässt sich anhand der beiden hier verwendeten Texte beispielhaft der Unterschied zwischen Quellen und Sekundärtexten als Textgattung erläutern: hier der hoch emotionale, anklagende Ton des Anteil nehmenden Zeitgenossen, dort der nüchterne, bilanzierende Blick des aus großer Distanz schreibenden Historikers. Das diskursive Moment, also die Kritik am portugiesisch-spanischen Kolonialismus, lässt sich über weitere Texte aus heutiger Zeit vertiefen.

Nr. 04 Reformation und Kirchenspaltung

Dieser relativ anspruchsvolle Text thematisiert die Bedeutung der Städte als Vorreiter der Reformation. Es empfiehlt sich, Luther und seine Theologie vorab zu behandeln, bevor man sich den politischen, sozialen und mentalitätsgeschichtlichen Aspekten des Themas zuwendet. Eine Stunde über die Reformation in den Territorien und die Rolle der Landesherren könnte eine kurze Unterrichtssequenz zu diesem Thema abschließen.

Nr. 05 Der deutsche Bauernkrieg

Diese Unterrichtsstunde nimmt die Frage nach den Ursachen und, gewissermaßen als eine Variante der Problematisierung, die Rezeptionsgeschichte dieses Ereignisses in den Blick. Auf den Abdruck der in allen Schulbüchern zu findenden Zwölf Artikel, wie auch auf die Darstellung des Verlaufs (Empfehlung: Kartenarbeit) wurde verzichtet.

Nr. 07 Hexenprozesse

Der Text relativiert verbreitete Mythen über das Ausmaß der Hexenverfolgungen, zumal in zahlreichen Fällen die Angeklagten freigesprochen bzw. kaum bestraft wurden. Immerhin standen viele Fürsten, aber auch geistliche Herren, dem Hexenwahn skeptisch gegenüber oder lehnten ihn gar ab. In manchen Territorien gab es keine Hexenverfolgungen. Nicht thematisiert wird, dass bisweilen die hohen Verfahrenskosten prohibitiv auf die Verfahren wirkten.

Nr. 08 Der Dreißigjährige Krieg

Der Dreißigjährige Krieg gehört zu den Themen, die sich – zumindest in unterrichtstauglicher Weise – kaum über Quellen erschließen lassen. Der vorliegende Sachtext versucht die komplexe Entstehungsgeschichte dieses epochalen Ereignisses zu strukturieren, hält sich dabei aber im Wesentlichen an die Chronologie. Da es sich um eine faktenreiche Darstellung handelt, bietet es sich an, den Text als Hausaufgabe zu stellen, eventuell mit dem Auftrag einer graphischen Umsetzung. Die eigentliche Stunde könnte dann weitere Aspekte, etwa den Verlauf und/oder die europäische Dimension des Krieges vertiefen.

Nr. 09 Folgen des Dreißigjährigen Kriegs in Deutschland

Alternativ zum Thema „Stunde der Regierungen" könnte das Thema auch lauten: „Dreißigjähriger Krieg und deutsche Rückständigkeit". Deutlich werden sollte der Zusammenhang von Kriegskatastrophe und den darauf bezogenen obrigkeitlichen Modernisierungsmaßnahmen, die durch den Machtzuwachs der absolutistischen Fürsten (Staaten wurden durch Westfälischen Frieden vollständig souverän) möglich wurden.

Nr. 10 Absolutismus

Bodin erscheint hier als Vordenker des Absolutismus. Der zeitgenössische Kontext (Religionskriege) und die Herausbildung der absolutistischen Regierungsform kann über einen Lehrervortrag oder einen Sachtext erarbeitet werden. Darüber hinaus kann man, was im Tafelbild nicht geschieht, auf die Modernisierungsleistung des Absolutismus hinweisen: die Konzentration der Staatlichkeit (Beseitigung der ständischen Mitbestimmung), das staatliche Gewaltmonopol, Effektivierung der Verwaltung, stehendes Heer, Ausbau der Infrastruktur usw.

Nr. 11 Ludwig XIV. – Selbstdarstellung und Kritik

Diese Stunde knüpft unmittelbar an die vorhergehende an und problematisiert die Person Ludwigs XIV., wie auch den Absolutismus als Regierungsform. Anhand der beiden Quellen lassen sich exemplarisch Aspekte wie Perspektivik, Subjektivität und Standortgebundenheit als Merkmale dieser Textgattung aufzeigen.

Nr. 12 Merkantilismus

Dieser Stunde könnte, etwa in Form einer Hausaufgabe, ein Überblick über die „Säulen" des Absolutismus vorausgehen (Kontrolle der Verwaltung, stehendes Heer, einheitlicher Glaube, gelenkte Wirtschaft).

Nr. 13 Der Siebenjährige Krieg (1756-1763)

In einer kurzen Hinführung kann die Lehrkraft die Vorgeschichte, also die Schlesischen Kriege und den Wandel der Bündnisse erläutern.

Nr. 14 Hunger im 18. Jahrhundert

Die Quelle illustriert, mit welchen Widerständen die staatliche „absolutistische" Reformpolitik zu rechnen hatte und welche Zeiträume deren Umsetzung beanspruchte. Einige Aspekte der im Tafelbild genannten „Lösungsversuche" könnten durch einen kurzen Lehrervortrag vorbereitet oder thematisiert werden.

Nr. 15 Aufgeklärter Absolutismus

Nicht übersehen werden sollte bei der Thematisierung der absolutistischen Politik, dass die Reichweite und vor allem die Nachhaltigkeit dieser Maßnahmen außerordentlich begrenzt war. Obgleich der bienenfleißige preußische König (und zahlreiche andere Fürsten) soziale und ökonomische Verhältnisse bis ins Detail hinein zu beeinflussen suchten, dürften die staatlichen Maßnahmen wohl nur im Ausnahme- oder Einzelfall den Alltag der Menschen verändert haben, dazu war die noch kaum ausgebaute staatliche Bürokratie kaum in der Lage.

Nr. 16 Osmanisches Reich und Westeuropa

Südosteuropa wird im Geschichtsunterricht in der Regel kaum beachtet, vielmehr sträflich vernachlässigt. Ein Blick in diese Region kann dazu beitragen, Probleme des gegenwärtigen europäischen Integrationsprozesses durch mehr historische Tiefenschärfe zu verstehen. Der Text bietet Einblicke in langandauernde soziale und strukturelle Besonderheiten dieses Raums, die bis in die unmittelbare Gegenwart nachwirken.

Es bietet sich an, das Thema entweder im Kontext des westeuropäischen Absolutismus oder im Zusammenhang mit der Industrialisierung zu behandeln und dabei die Prozesse, die sich in Westeuropa vollzogen, mit denen in Südosteuropa zu kontrastieren.

Nr. 19 Warum kommt es in Frankreich zur Revolution?

Die Französische Revolution resultierte nicht einfach nur aus der Not der breiten Unterschichten und der staatliche Finanzkrise, sondern auch aus der Reformunwilligkeit der traditionalen Eliten. Die Revolution bekam (ähnlich wie 1848 in Deutschland) ihre Dynamik durch die pauperisierten Unterschichten. Vor allem die Bourgeoisie konnte jedoch zunächst ihre sozialen und politischen Ziele durchsetzen – eine zentrale Ursache dafür, dass sich die Revolution in den Folgejahren radikalisierte. Daher könnte bei der weiteren Behandlung der Französischen Revolution (etwa bei der „Grande Terreur") wieder auf dieses Tafelbild zurückgegriffen werden.

Nr. 21 Der „Große Terror" 1793-1794

Wie lässt sich der Terror – an dessen Deutung sich vom 19. Jahrhundert bis in die Gegenwart die Geister scheiden – erklären? Die beiden Texte nehmen den Alltag und die innen- wie außenpolitische äußerst zugespitzte Lage in den Blick. Ausgeblendet werden die verschärften Frontstellungen im Konvent sowie die Rolle des Königs, der seit 1792 kaum noch über Autorität verfügte.

Nr. 22 Warum keine Revolution in Deutschland? – Die Französische Revolution und die Deutschen

Der erste Text (Kirchenlied) kann als Stundeneinstieg verwendet werden, der zweite zur Erarbeitung des Sachverhalts. Bei vorhandener Zeit kann auch die – hier nur angedeutete – zwiespältige Reaktion der Deutschen auf Napoleon angesprochen werden.

Nr. 23 Bauernbefreiung und soziale Konflikte in der ländlichen Gesellschaft

Das Oktoberedikt von 1807 gilt als Beginn der „Bauernbefreiung" in Preußen. Folgenreicher für die weitere Entwicklung der Landwirtschaft war indes das Edikt vom 14. September 1811, denn es regelte die Übertragung des Eigentums an Grund und Boden vom Grundherrn auf die Bauern. Zudem legte es die Entschädigungen der Grundherren fest: Die Bauern mussten die bisherigen Dienste und Abgaben durch erhebliche Geldzahlungen ablösen, was die übergroße Mehrheit der nun freien Bauern völlig überforderte. Im Unterrichtsgespräch könnte erörtert werden, dass die Bauernbefreiung nicht „auf einen Schlag" erfolgte, sondern sich über eine Generation hinweg zog. 1850 waren in Westfalen erst zehn Prozent der alten Grundrenten abgelöst. Das Klima zwischen ehemaligen Grundherrn, der Masse der kleinen Bauern und staatlichen Behörden wurde dadurch dauerhaft vergiftet, eine Ursache für die Märzrevolution 1848, die in ihrer ersten Phase ihre besondere Dynamik durch die frustrierten Bauern erhielt.

Nr. 24 Die Preußischen Reformen – „Revolution von oben"?

Hier kann der erste Absatz des Hardenberg-Textes als Einstieg bzw. Hinführung zum Stundenthema genutzt werden. Nach der Bearbeitung des Textes kann die Lehrkraft mit Hilfe der vorhandenen Skizze einen kurzen Überblick über die durchgeführten Reformen geben. Problematisierung und Urteilsbildung erfolgen dann anhand des Wehler-Textes.

Nr. 25 Der Wiener Kongress 1814/1815

Zur Veranschaulichung der politisch-geographischen Veränderungen bietet sich in dieser Unterrichtsstunde der Einsatz einer Geschichtskarte an, für die Verhältnisse in Deutschland eventuell auch ein Kartenvergleich zwischen 1790 und 1815.

Nr. 27 Das Hambacher Fest

Der historische Hintergrund kann in einem Kurzvortrag erläutert werden. Die rhetorisch äußerst interessante Rede Siebenpfeiffers sollte in zwei Schritten bearbeitet werden: Nach einem ersten Lesen werden Eindrücke gesammelt, darauf folgt die detaillierte Textanalyse.

Nr. 28 Liberalismus

Die komplexe und verwickelte Entwicklung des Liberalismus vom frühen 19. Jahrhundert bis in die Gegenwart kann man auch anhand zahlreicher Quellen aufarbeiten; dafür dürfte indes im Unterricht kaum Zeit zur Verfügung stehen. Daher soll hier ein komprimierter Autorentext dieses Themengebiet abdecken.

Nr. 30 Die Revolution von 1848/49

Das Ziel der Stunde ist es, grundlegende Forderungen der Märzrevolution zu erarbeiten, aber gleichzeitig den Schülerinnen und Schülern die schon zu Beginn der Revolution sichtbare Spaltung in gemäßigte und radikale Kräfte bewusst zu machen.

Nr. 32 Bevölkerungsexplosion im 18. und 19. Jahrhundert

Die Bevölkerungsexplosion im Europa des 18. und 19. Jahrhunderts hatte vielfältige Ursachen und sehr weitreichende soziokulturelle Implikationen, die miteinander eng verknüpft waren. Text und Schaubild elementarisieren und verdeutlichen diese komplexen Zusammenhänge und Prozesse, die übrigens mit einem deutlichen Rückgang der Zahl der Geburten pro Frau einhergingen. Dagegen sank im 19. Jahrhundert das Heiratsalter, und die Zahl der verheirateten Frauen nahm bis zum Jahr 1900 deutlich zu. Im 20. Jahrhundert sank dann wieder die Heiratshäufigkeit und das Heiratsalter stieg wieder signifikant an, während die Zahl der Kinder pro Frau kontinuierlich abnahm. Daran änderten auch die familienpolitischen Maßnahmen des Nationalsozialismus und die sozialpolitischen Initiativen in der Bundesrepublik nichts.

Nr. 35 Eisenbahnbau im 19. Jahrhundert

Anders als in vielen Geschichtsbüchern wird der Eisenbahnbau hier nicht nur als technischer Fortschritt dargestellt, sondern auch in seinen sozialen Begleiterscheinungen. Es sei darauf hingewiesen, dass die beiden beschriebenen Fälle aus Behördenakten stammen, da Angehörige dieser Personengruppe aufgrund ihrer schwierigen Lebensverhältnisse nicht selten mit dem Gesetz in Konflikt gerieten.

Nr. 38 Hochindustrialisierung – die zweite Industrielle Revolution

Hier geht es um Konzentrations- und Innovationsprozesse in der „zweiten" Industriellen Revolution. Es ist auch möglich und didaktisch ebenso sinnvoll, zuerst den Sachtext und dann, als Erweiterung und Vertiefung, den Quellentext zu behandeln.

Nr. 39 Warum betreiben Unternehmen und Staat Sozialpolitik?

Nicht Bismarck hat, wie oft angenommen, die Sozialpolitik erfunden, sondern kluge und weitsichtige Unternehmer. Ihre politischen und unternehmerischen Interessen und Motive ähnelten sich freilich in zentralen Punkten. Allerdings erreichten weder unternehmerische noch staatliche sozialpolitische Initiativen ihr Ziel, der Sozialdemokratie und der Arbeiterbewegung das Wasser abzugraben.

Nr. 40 „Kulturkampf“

Die Texte eignen sich für eine serielle Behandlung im fragend-entwickelnden Verfahren ebenso wir für eine Bearbeitung in Gruppen.

Nr. 41 Das Sozialistengesetz 1878

Die Lehrkraft sollte darauf hinweisen bzw. herausarbeiten, dass sich die Sozialdemokratie als revolutionäre Partei verstand, was in weiten Teilen der Bevölkerung entsprechende Ängste hervorrief. Es wäre also falsch, die Sozialistengesetze nur auf Bismarck zurückzuführen.

Nr. 42 Die Verfassung des Kaiserreichs

Die beiden Texte setzen unterschiedliche Akzente: Laband sieht den Reichstag als einflussreiches Verfassungsorgan, während Ritter nach den Gründen für das Ausbleiben einer echten Parlamentarisierung fragt. Das Urteil des Zeitgenossen legt also andere Maßstäbe an als das des Historikers, der den weiteren Verlauf der deutschen Geschichte kennt. Methodisch würde sich hier eine komplementäre Partnerarbeit (d.h. pro Schüler ein Text mit gegenseitigem Austausch) mit anschließender Auswertung im Plenum anbieten.

Nr. 44 Militarismus und Antisemitismus im Kaiserreich

Die Behandlung beider Themen in einer Unterrichtsstunde ist schwierig und nur bei sehr straffem Vorgehen möglich. Man kann die Texte deshalb auch (mit ergänzendem Material) als Basistexte für zwei Unterrichtsstunden einsetzen.

Nr. 46 Kaiser Wilhelm II. – gab es ein „persönliches Regiment“?

Dieses Thema bietet die Gelegenheit, den Begriff des Geschichtsbildes exemplarisch zu thematisieren. Das durch Wilhelm II. selbst in die Welt gesetzte Bild vom „persönlichen Regiment“ lässt sich anhand des Textes mit der entsprechenden Fragestellung dekonstruieren bzw. modifizieren. Zudem bietet der Text die Möglichkeit, die Merkmale von Diskursen in der Geschichtswissenschaft beispielhaft aufzuzeigen.